新时期财务会计理论及实践研究

陈孝勇　陈星宇 ◎ 著

中国纺织出版社有限公司

内 容 提 要

本书共包括七章，从新时期财务会计的相关会计理论、财务会计的基本知识、会计制度的相关概念、财务会计概念框架理论、新时期会计模式的发展、会计信息质量、合并会计报表的编制与应用、财务报告分析及改进方法等方面展开探讨。本书理论联系实践，既有对会计基本理论的分析，也有对会计实践的讨论，内容翔实，适合企业财务人员及财务管理专业师生阅读。

图书在版编目（CIP）数据

新时期财务会计理论及实践研究 / 陈孝勇，陈星宇著. --北京：中国纺织出版社有限公司，2023.8
ISBN 978-7-5229-0867-0

Ⅰ.①新… Ⅱ.①陈…②陈… Ⅲ.①财务会计 Ⅳ.①F234.4

中国国家版本馆CIP数据核字（2023）第159020号

责任编辑：段子君　　责任校对：高　涵　　责任印制：储志伟

中国纺织出版社有限公司出版发行
地址：北京市朝阳区百子湾东里 A407 号楼　邮政编码：100124
销售电话：010—67004377　传真：010—87155801
http://www.c-textilep.com
中国纺织出版社天猫旗舰店
官方微博 http://weibo.com/2119887771
天津千鹤文化传播有限公司印刷　各地新华书店经销
2023 年 8 月第 1 版第 1 次印刷
开本：710×1000　1/16　印张：14
字数：180 千字　定价：99.00 元

凡购本书，如有缺页、倒页、脱页，由本社图书营销中心调换

前言

近年来，随着中国经济的蓬勃发展和企业的快速增长，财务会计理论和实践的研究变得越来越重要。本书即围绕新时期财务会计理论及实践展开探讨，从会计的理论定位、财务会计岗位职责、会计凭证、会计账簿与会计报表、会计的基本程序、会计制度设计概论、财务会计概念框架构建、会计模式的选择与变迁、会计信息质量标准的发展、合并会计报表理论与应用以及财务报告分析及改进方法等方面，进行详细的讨论和探究。

一方面，本书探讨了会计的理论定位和职能，以及财务会计岗位职责和工作流程等内容，旨在帮助读者全面了解财务会计的理论基础和实践。以期能够帮助读者深入了解财务会计的核心部分，从而更好地理解财务会计的基本程序和流程。

另一方面，本书探讨了会计制度的概念和我国会计制度的发展变迁，以及企业会计制度设计的基本内容等方面的内容，帮助读者深入了解财务会计实践的基础和发展历程。同时，探讨财务会计概念框架的功能和构建等方面的内容，帮助读者深入了解财务会计的概念框架，从而更好地理解财务会计实践的本质。

此外，本书还探讨了会计模式的选择与变迁、会计信息质量标准的发展、合并会计报表理论与应用以及财务报告分析及改进方法等方面的内容，帮助读者深入了解财务会计实践的重要问题，从而更好地把握新时期财务会计理论和实践的发展趋势和方向。

总之，本书旨在通过全面、深入的新时期财务会计理论和实践研究，帮助读者深入了解财务会计的基础和实践，从而更好地应对新时期财务会计的挑战和机遇。虽然本书力求全面，但是财务会计领域涉及的知识广泛而复杂，因此本书中的介绍和分析不可避免地存在不足之处，请各位读者指正。

陈孝勇

2023 年 4 月

目 录

第一章 新时期财务会计的理论框架

第一节 会计的理论及职能定位 ………………………………… 2

第二节 财务会计岗位职责及工作流程 ………………………… 10

第三节 会计凭证、会计账簿与会计报表 ……………………… 19

第四节 会计的基本程序 ………………………………………… 29

第二章 新时期会计制度分析

第一节 会计制度的概念 ………………………………………… 42

第二节 我国会计制度的发展变迁 ……………………………… 56

第三节 企业会计制度设计的基本内容 ………………………… 60

第三章 新时期我国财务会计概念框架构建

第一节 财务会计概念框架 ……………………………………… 74

第二节 财务会计概念框架的功能 ……………………………… 77

第三节 财务会计概念框架的构建 ……………………………… 85

第四章 新时期会计模式的选择与变迁

第一节 会计模式的基本内涵 …………………………………… 102

第二节　基于会计属性的重构 ······················· 108

第三节　新技术引领会计核算服务变革 ··············· 118

第四节　事项会计的实践 ··························· 121

第五节　现代企业制度下的企业会计模式 ············· 131

第五章　新时期会计信息质量标准的发展

第一节　新时期会计质量特征分析 ··················· 144

第二节　会计信息质量对企业经济效益的影响 ········· 153

第三节　内部控制对会计信息质量的影响 ············· 157

第六章　新时期合并会计报表理论与应用

第一节　合并会计的基本概念 ······················· 168

第二节　合并会计报表的编制原则 ··················· 170

第三节　合并会计报表的编制 ······················· 182

第七章　财务报告分析及改进方法

第一节　财务报表概述 ····························· 188

第二节　财务报表列报和披露中常见的问题 ··········· 201

第三节　新时期现行财务报告的改进方法 ············· 206

参考文献 ··· 213

第一章
新时期财务会计的理论框架

第一节 会计的理论及职能定位

一、会计的理论定位

（一）会计理论的历史发展

1. 早期会计理论

会计理论的起源可以追溯到古代的贸易时期。早期的会计理论主要是商业会计，即对商业活动中的交易、收入和支出进行记录和管理。古希腊和罗马时期的商人已经开始运用会计方法，记录商品的进出和盈亏情况。中世纪欧洲的银行家们更是完善了会计体系，并且发展了双重会计法的基础。

2. 现代会计理论的发展

现代会计理论的发展始于19世纪末和20世纪初，这一时期主要是由工商业界和学术界的人士共同推动。在这一时期，会计理论开始形成自己的独立体系，成为一门独立的学科。

20世纪30年代，美国会计学家阿卡夫提出了财务报表分析理论，这一理论将会计视为一种信息处理系统，并强调了财务报表对于外部投资者的重要性。

20世纪50年代和60年代，会计学科开始走向系统化和科学化。管理学家彼得·德鲁克（Peter Drucker）提出了"管理会计"的概念，并将会计视为一种管理工具。同时，美国的管理会计理论家安东尼·亨德里克斯（Antony Hendriks）和罗伯特·科普兰（Robert Kaplan）提出了成本管理理论，推动了成本会计的发展。

（二）会计理论的主要流派

1. 会计历史学派

会计历史学派强调会计理论的历史渊源和发展过程，认为只有深入研究历史背景和发展过程，才能全面理解会计的本质和特点。这一流派的代表人物有乔治·史坦尼耶（George Staubus）和T.A.杜雷菲（T.A. Durfee）等。

2. 会计信息处理派

会计信息处理派强调会计的信息处理功能，认为会计信息是一种用来为经济决策服务的信息。该流派的代表人物有尤金·伍兹（Eugene H. Wood）和C.W.梅森（C.W. Mason）等。

3. 会计决策有关派

会计决策有关派认为会计理论是为决策者服务的，会计信息应该能够提供对决策有用的信息。该流派的代表人物有威廉·贝利（William Beaver）和斯蒂芬·佩内曼（Stephen Penman）等。

4. 会计制度派

会计制度派强调会计理论应该建立在制度基础上，制度是决定会计信息产生和应用的重要因素。该流派的代表人物有安东尼·霍普金斯（Anthony Hopwood）和皮特·米勒（Peter Miller）等。

5. 会计哲学派

会计哲学派强调会计理论应该建立在哲学基础上，认为会计是一种哲学问题，需要用哲学的思维方式来探讨和解决。该流派的代表人物有沃尔特·安格尔（Walter Anger）和彼得·麦考斯基（Peter McCausland）等。

以上是会计理论的主要流派，这些流派相互影响、相互渗透，共同推动了会计理论的发展。

（三）会计理论的主要研究内容

会计理论的主要研究内容包括以下五个方面：

1. 会计基本概念和原则的研究

会计基本概念和原则是会计理论的核心内容，包括货币计量原则、会计实体原则、会计期间原则、历史成本原则等。研究会计基本概念和原则的意义在于规范会计实践，确立会计信息的准确性和可靠性。

2. 会计信息质量的研究

会计信息质量包括信息的准确性、完整性、可比性、可靠性等。研究会计信息质量的意义在于提高会计信息的质量，为企业的决策提供更加准确的依据。

3. 会计信息披露的研究

会计信息披露是企业公开披露其会计信息的过程，包括财务报表披露和非财务信息披露等。研究会计信息披露的意义在于提高企业的透明度和公信力，促进企业的可持续发展。

4. 会计信息管理和控制的研究

会计信息管理和控制是指对会计信息的采集、处理、储存、传递和使用进行管理和控制，保证会计信息的安全性、准确性和及时性。研究会计信息的管理和控制的意义在于提高会计信息的管理效率和质量，确保会计信息的安全性和可靠性。

5. 会计国际化的研究

会计国际化的研究主要包括国际会计准则、国际会计标准和国际会计规范等方面。研究会计的国际化的意义在于促进国际贸易的发展和跨国企业的管理。

（四）形成现代会计理论的三大核心观念

现代会计体系的形成与下述三个核心概念直接相关。

1. 有限责任

公司制的完善带来了会计的革命性变革。有限责任要求会计以注册资本为主体。所以，在会计理论发展史上，基于资本权益发展出了一系列很重要的理论，从净资产到股东权益、净收益、净流量，体现了资本逐利的内在逻辑，这个逻辑决定了资本本性显现的主要形式与具体内容。资本的最基本特征是盈利，因此传统的三张报表回答了有关钱的三个方面：资产负债表回答"有没有钱"；利润表回答"挣不挣钱"；现金流量表回答"怎么花钱"。这三个有关钱的问题说清楚了这个公司有关资本的基本面，所以有限责任是决定现代会计理论框架的第一个基础性概念。

2. 持续经营

法人不是自然人，法人是超越自然人的一种存在，这种存在能把公众寄托的一种责任永远担当下去，这点非常重要。尽管我们作为自然人也需要负责任，但自然人所负的责任都是有限的，这种有限性是由于人的生命有限。社会发展是可持续的，若使生产经济完全由自然人主宰，则难以实现可持续。于是，人类创造了法人这种组织形态，可以超越自然人生命有限之局限。

法人的组织形态有两大假定：一是法人是没有利益偏向的，二是法人应该是永远存在的。因为具备了这两个特征，所以法人具有了持续经营的"基因"。但是，法人这种持续经营的本性，在现实生活中必然受到来自法人组织成员的"侵蚀"。为此，在基本制度层面，应该通过制定一个对所有经济活动具有强制约束的行为框架，以使经济组织所有岗位成员履职，具有事先约定的行为准则。这种对经济组织所有活动发挥行为框架意义的准则的需求，就形成了现实生活中的会计制度。如此，法人的持续经营就成为现实中建立会计制度的基本立足点。

当然，现实生活中，会计在实现持续经营这一基本目标过程中，往往受到各种因素的干扰。这种影响首先来自经济组织本身内在结构功能作用。当前，经济组织基本上采用科层制。经典科层制具有两大基本特征：一是考试，二是任期制。所有组织成员的岗位升迁与行为效果都必须接受严格的考评，这种考评既建立在会计提供的有关信息基础上，又对具体会计信息的生成、加工与使用产生直接影响。任期制下，在各种经济活动中容易滋生组织成员利益诉求的短期最大化行为，从而可能对持续经营理念产生颠覆性的影响。作为与现实管理融为一体的会计，如果迎合这样短期利益最大化，就会背离对社会的基本承诺。

由此可见，科层制使法人和自然人之间形成了一种非常复杂的关系，所有的法人都是由自然人经营和所有的，而每个自然人生命都是有限的，但是法人本质上是无限的，这种有限与无限之间的矛盾使以持续经营为基本立足点的会计很难顺利地践行其在实现持续经营目标方面的各种承诺。会计在实现继续经营目标这一基本层面上，其制度定位与实务操作之间出现了并不协调的尴尬局面。尽管如此，现代会计制度的改进完善都毫无例外地以更充分体现持续经营内在要求为主要目标。立足人类社会文明进步的基本要求，协调自然人与法人在实现持续经营目标过程中的矛盾，成为不断完善会计制度的动机和目标。

当然我们还应该明白，四大会计假设当中，最为重要的前提假设是"会计主体"。会计主体假设，是让法人和自然人在经济活动中有确定的利益边界。会计守住了法人主体地位，也就为市场经济的良性运行奠定了基础。

回到持续经营假设，它确实为现代会计正确反映一定时期经济活动过程与结果的效率效果提供了极大方便。如果没有持续经营假设，会计就无法对一些具有长期影响的业务进行跨期处理，只能永远停留在17世纪形成的那种项目制核算水平。这种17世纪流行于荷兰、葡萄牙、西班牙的会计，适应"做一单生意，大家就集资买船、雇人，然后去长途贸易"这样的会计对象，其最大特点是一个业务一次会计，上一个业务与下一个业务不具有必然的连续性，根本不存在持续经营的任何需要。然而，工业社会的最大特点就是企业有固定的场所、人员、工艺与产品。而这种固定就使企业拥有长期经营稳定发展的内在要求。持续经营既是法人的一种内在要求，也是人类进入工业时代工业化发展的必然结果。如果缺乏这样的基本认识，就很难理解美国对工业文明的两大突出贡献：福特制（生产大规模、标准化）和泰罗制（管理的流程化、标准化）。正是这两大杰出贡献，给现代会计发展注入了新的活力，成为完善现代会计发展的主要驱动力。反之，会计对美国工业文明两大贡献的形成发挥了基础性的作用。我们循着会计发展到现在的主要轨迹，就能对利特尔顿把"持续经营"看作对现代会计发展具有决定性影响的第二个概念产生强烈的共鸣。

3. 受托责任

当前，委托代理关系具有广泛的含义，具体表现为债权人和股东之间的关系、大股东和小股东之间的关系、控股股东和其他股东之间的关系，还表现在企业内部如高层管理、中层管理与基层之间的关系，以及工人和管理层之间的关系。这些林林总总的委托代理关系，极大地丰富了企业受托责任的内涵，从而给会计发展带来了很多挑战。

为了适应两权分离前提下企业履行受托责任的内在要求，把保证股东对企业的生产经营动态了解作为首要工作目标，产生了以定期报告企业财务状况、经营成果、现金流量为主要目的的财务会计。为了使这种财务会计对外公开的信息具有可靠性，相关部门和机构不仅制订了严密的会计准则，还在社会层面建立了一个专门的保障制度即审计，由此产生了一个专门的职业——注册会计师（CPA）。为了适应资本市场健康发展的内在要求，让社会公众在会计知识不足的前提下还可以对财务报表有相对正确的理解，西方产生了一个新的职业——财务分析师（CFA），进而形成对纷繁复杂财务报表的公正权威解读机制。在企业内部，为了让会计切实履行对外报告职能，使财务对外报告功能真正落地，又产生了一个重要的岗位——首席财务官（CFO）。以上就是服务于现代会计制度的"3C"：从企业内的CFO到企业外的CPA，再到社会对会计信息解读的CFA。这三项工作、三种职业使企业履行对外报告职责有效满足了社会各方了解企业经营状况、成果和未来前景信息的需要。只有树立了以上"3C"分析框架与基本理念，才有可能对现代财务会计形成相对完整的认识。

另外，企业规模的不断扩大，特别是跨国公司的出现，使企业的内部管理变得空前复杂。企业不仅有很多的层级，由简单的职能式组织结构转变为现代企业中的标准化组织结构即 M 型组织结构，还有多种货币、语言并存的复杂环境。在如此庞大、产业分布广泛的企业里，如何进行有效的组织和管理成为国际性难题。由此，产生了以协调企业内部组织和管理关系为主要目的的会计：管理会计。在现代企业中，随着委托代理关系的种类越来越多，企业不仅对投资者，还对社会公众甚至环境生态开始承担越来越明确的责任。按照传统经济学的思维，企业的上述日益广泛而扩大的责任可概括为"外部性"，有时定义为"溢出效应"。总的来说，尽管企业这些"外部性"或"溢出效应"在现实中的具体影响有好有坏，但由于所有行为都满足了当时的法律要求，导致会计对以上"外部性"或"溢出效应"不能作出应有的反映与监督。从另一角度分析，企业作为整个社会创新的主体，其具体行为可能超出或挑战现行法律规范。这种既要遵循现有规范又需不断创新的行为是现代企业经济活动经常面临的难题和挑战。

为使企业在如此复杂多变的环境中拥有在行动与决策方面的足够自信，会计职能产生了拓展的动力。会计这种能力的拓展需要革新沿袭已久的主体观念。在企业会计领域，已经形成了一个非常简单的概念：法人（企业）主体利益最大化。这意味着只要有利于企业利益的任何事都可以去做。但是企业利益最大化往往会带来一个不利的后果，即会给社会和生态带来不利影响。企业利益驱动下的行为一般都合规，但不一定给社会尤其是生态环境带来真正的益处。所以，企业以自身利益最大化为目标，则企业越发展，带给社会和生态的问题就可能越严重。人类社会发展到现在，已充分验证了这种判断。会计自身拥有的社会文明基因唤起了对企业社会与环境责任的心灵感应，社会责任会计与环境会计为企业在应对以上挑战时不偏离文明进步的轨道提供了行动与路径方面的指导。

二、会计的职能定位

会计产生以来,对会计职能的界定在理论界众说纷纭,莫衷一是。会计作为一门重要的管理学科,其职能定位一直备受争议和讨论。然而,经过多年的理论研究和实践探索,逐渐形成了一个较为统一的认识,即会计的职能主要包括反映和监督两个方面。这一定位不仅在理论上具有重要的指导意义,也在实践中发挥着重要的作用。

会计的反映职能是指会计人员根据企业的经济活动,通过记账、分类、核算、报表等一系列操作,客观地记录和反映出企业的经济状况和经营成果。这些信息可以为内部管理和外部决策提供有力的支持和依据,帮助企业实现经济效益的最大化。会计的反映职能在企业经营活动中具有非常重要的地位,会计信息不仅可以反映企业的财务状况,还可以为企业的管理者提供重要的决策信息。通过对财务报表和相关信息的分析和评估,管理者可以及时调整经营策略,优化资源配置,从而实现企业的经济目标。

会计的监督职能是指会计人员在执行反映职能的同时,对企业的经济活动进行监督和管理。这个职能是在国家法律法规的规定下,依照一定的程序和标准进行的,旨在保证企业的经济活动符合国家法律法规和会计准则的要求。通过对企业的财务状况和经营活动进行全面、客观、准确的记录和监督,会计人员可以帮助企业避免或降低各种风险,防范和化解各种可能的经济犯罪和违法行为,保证企业经济活动的合法性和规范性。

会计的职能定位不仅对企业的经济活动有重要的指导作用,也对会计人员的工作方式和态度产生了深远影响。在企业管理中,会计人员既是财务信息的处理者和反映者,也是企业管理者的重要助手和参谋。他们需要具备扎实的会计理论知识、熟练的会计技能、敏锐的分析能力和判断能力,以及较高的责任心和职业道德。同时,会计人员也需要具备与时俱进的科技意识和信息技术应用能力，以适应快速变化的市场环境和企业管理需求。

在当今日益复杂和多变的经济环境下，会计人员需要通过不断学习和自我提升，掌握新的会计理论、技术和知识，不断提高自己的综合素质和竞争力，以更好地为企业的发展和管理提供支持和帮助。同时，会计人员也需要具备积极进取、创新思维和团队合作精神，以适应企业管理的新形势和挑战，为企业创造更大的价值和贡献。

会计的职能定位是企业管理和发展的重要支撑。在今后的发展中，会计人员需要不断提高自身素质和能力，适应市场环境和企业管理的新要求，以更好地发挥会计的职能作用，为企业的发展和繁荣做出更大的贡献。

第二节 财务会计岗位职责及工作流程

财务会计岗位职责是指在企业财务管理体系下，财务核算、报表编制、税务申报、资金管理等职责。财务会计作为企业财务管理中的核心职能，其工作内容涵盖了企业的财务核算和税务管理等方面。

一、财务核算

财务会计的主要职责是进行财务核算，对企业的收入、支出、资产、负债、权益等方面进行核算。

（一）财务会计的财务核算职责

财务核算是企业财务管理的核心环节之一，它的职责主要包括以下四个方面：

1.核算财务数据

财务核算的基本职责是核算企业的财务数据，包括会计科目、账户余额等。同时，财务核算还需要对这些数据进行处理和分析，以便更好地反映企业的财务状况和经营业绩。

2. 编制财务报表

财务核算的主要职责还包括编制财务报表。财务报表是企业财务信息的主要展现形式，包括资产负债表、利润表、现金流量表等。财务核算需要按照会计准则和财务报告要求，对企业的财务数据进行分类和归纳，并编制出符合规定的财务报表。

3. 合规性审计

财务核算还需要进行合规性审计，确保企业的财务数据和财务报表符合会计准则和法规要求。合规性审计是财务核算工作的重要环节，是企业财务稳健发展的重要保障。

4. 财务分析和预测

财务核算需要对企业的财务数据进行分析和预测，帮助企业管理层更好地了解企业的经营状况和发展趋势。财务分析和预测需要基于财务数据进行，包括比率分析、趋势分析、预测分析等。

（二）财务核算工作流程

财务核算的工作流程包括以下五个主要步骤：

1. 准备工作

财务核算工作的第一步是准备工作，包括收集相关的财务数据、会计凭证、发票等。收集到的财务数据需要进行初步的处理和整理，以便进行后续的核算工作。

2. 会计核算

会计核算是财务核算的重要环节，它需要对企业的财务数据进行分类、整理和归纳，以便更好地反映企业的财务状况和经营业绩。在会计核算过程中，需要整理会计凭证，编制会计分录，将各项财务数据进行归类和整合。

3.编制财务报表

编制财务报表是财务核算的重要任务之一,财务报表是企业财务信息的主要展现形式,能够反映企业的财务状况和经营业绩。财务报表主要包括资产负债表、利润表、现金流量表等。

4.审核和复核

财务报表编制完成后,需要进行审核和复核,以确保财务报表的准确性和合法性。审核和复核过程主要包括对会计凭证、会计分录、财务报表等进行审核和复核,以确保财务核算的准确性和合法性。

5.报送和备案

经过审核和复核后,财务报表需要进行报送和备案,以便进行监管和监督。财务报表的报送和备案主要包括向财务主管部门、税务机关等报送财务报表,并进行备案和归档等工作。

二、税务管理

财务会计还需要承担税务管理的职责,包括以下内容。

(一)财务会计的税务管理职责

财务会计税务管理主要是负责企业税务方面的管理和处理工作,具体职责包括:

1.税务申报

财务会计税务管理需要按照国家和地方的税收政策要求,及时、准确地完成各类税费的申报工作。如增值税、企业所得税、个人所得税、房产税、印花税等。

2.税务筹划

财务会计税务管理需要根据企业的实际情况,对企业的税务筹划进行评估和规划,制定合理的税务策略,优化税务结构,提高企业的税收效益。

3. 税务咨询

财务会计税务管理需要对企业税务方面的问题进行咨询和解答，为企业决策提供支持和参考。如税务合规、税务风险评估、税务处理等方面的问题。

4. 税务检查

财务会计税务管理需要对企业进行税务检查和审计，及时发现和纠正存在的税务问题，防止企业出现税务风险和纠纷。

（二）税务管理工作流程

税务管理的流程涉及税务筹划、税务申报、税务咨询、税务审计、税务争议解决和维护税收合规等方面，需要确保企业的税收合规性和税务风险的控制，为企业的可持续发展提供有力的支持。

1. 税务筹划

税务筹划是财务会计税务管理的第一步，需要根据企业的实际情况，制定合理的税务策略和规划。在税务筹划过程中，需要对企业的税务结构和税收风险进行评估和分析，制定相应的税务策略，包括税收优惠、税务调整等措施。

2. 税务申报

税务申报是财务会计税务管理的重要任务之一，需要按照国家和地方的税收政策要求，及时、准确地完成各类税费的申报工作。在税务申报过程中，需要对企业的财务数据进行整理和核对，确保申报数据的准确性和完整性。

3. 税务咨询

税务咨询是财务会计税务管理的重要职责之一，需要对企业税务方面的问题进行咨询和解答，为企业决策提供支持和参考。在税务咨询过程中，需要针对企业的实际情况和需求，提供专业的税务咨询服务，包括税务政策、税务风险、税务合规等方面的税务咨询。

4. 税务审计

税务审计是财务会计税务管理的重要环节之一，需要对企业的税务数据进行审核和核实，确保企业的税收合规性和税务数据的准确性。在税务审计过程中，需要对企业的财务数据、税务申报数据等进行审查和核对，同时进行数据分析和风险评估，确保企业的税收合规性和税务风险的控制。

5. 税务争议解决

税务争议解决是财务会计税务管理的重要任务之一，需要在发生税务争议时，及时提供专业的税务支持和解决方案，帮助企业解决税务争议。在税务争议解决过程中，需要对企业的税务数据进行审核和核实，并提供相应的税务法律支持和专业的税务咨询服务，以解决企业的税务问题。

6. 维护税收合规

维护税收合规是财务会计税务管理的重要职责之一，需要保证企业的税收合规性和税务风险的控制。在维护税收合规过程中，需要对企业的税务政策进行分析和评估，建立健全的税收合规管理体系，加强对税务风险的防范和控制。

三、资金管理

财务会计资金管理是企业财务管理的重要组成部分，是企业管理中不可或缺的一环。其主要职责是对企业的资金流入、流出和使用情况进行监控、管理和调控，以实现企业资金的合理运作和高效利用。本部分将详细介绍财务会计资金管理的职责与工作流程。

（一）财务会计的资金管理职责

1. 资金管理计划的制订和执行

财务会计资金管理的首要职责是制订和执行资金管理计划。该计划需要针对企业的经营特点、资金流量和资金利用情况进行分析和评估，制定符合企业实际情况的资金管理目标和策略。同时，需要落实各项具体措施，确保资金管理计划的有效实施。

2.资金收支预测与分析

资金收支预测与分析是财务会计资金管理的重要职责之一。该职责需要对企业未来一段时间的资金流入和流出情况进行预测和分析，以帮助企业制订资金使用计划和优化资金结构。在资金收支预测和分析过程中，需要根据企业实际情况和市场变化，不断调整和完善预测模型，提高预测的准确性和可靠性。

3.资金运营管理

资金运营管理是财务会计资金管理的核心职责。其主要任务是对企业的资金流动和使用情况进行监控和调控，保证企业资金的安全性和高效利用。具体工作内容包括资金调配、现金管理、融资管理等方面的工作。在资金运营管理过程中，需要注意资金流动的风险管理，保证资金的流动安全和合法性。

4.资金分析与报告

资金分析与报告是财务会计资金管理的重要职责之一。其主要任务是对企业的资金流量、资金结构和资金使用情况进行分析和报告，为企业的经营决策提供有力支持。在资金分析和报告过程中，需要制定科学的指标体系和分析方法，以提高报告的质量和可读性。

（二）资金管理工作流程

1.资金预算阶段

资金预算阶段是财务会计资金管理的第一阶段。该阶段需要根据企业的经营特点、预测未来一段时间的资金流入和流出情况，制订合理的资金预算计划。具体的工作流程包括：

①收集和分析相关资料：该阶段需要收集和分析企业过去的财务数据、经营计划、市场预测、资金流量表等资料，为制订资金预算计划提供依据和参考。

②编制资金预算计划：在收集和分析相关资料的基础上，制订合理的资金预算计划。资金预算计划包括收入预算、支出预算和现金流量预算等，需要根据企业的实际情况和市场变化情况不断地调整和更新。

③审核和批准：资金预算计划需要经过财务部门的审核和企业领导的批准，确保资金预算计划的合理性和可行性。

2. 资金筹集阶段

资金筹集阶段是财务会计资金管理的第二阶段。该阶段需要根据资金预算计划，制订合理的资金筹集计划，保证企业的资金需求得到满足。具体的工作流程包括：

①确定资金需求：根据资金预算计划，确定企业未来一段时间的资金需求，包括投资资金、运营资金等。

②选择筹资方式：根据资金需求，选择合适的筹资方式，包括发行债券、股票融资、银行贷款、资产租赁等方式。

③制订筹资计划：根据资金需求和筹资方式，制订合理的筹资计划。筹资计划需要考虑筹资成本、筹资期限等因素，并根据企业的实际情况和市场变化不断地调整和更新。

④筹资实施：执行筹资计划，完成资金的筹集工作。在筹资实施过程中，需要与相关方进行沟通协商，保证筹资工作的顺利完成。

3. 资金运营阶段

资金运营阶段是财务会计资金管理的第三阶段。该阶段需要根据资金预算计划和筹资计划，进行资金运营管理，确保企业的资金安全和效益最大化。具体的工作流程包括：

①资金监管：对企业的资金进行监管和管理，确保资金安全和流动性。

②资金调度：根据资金流动情况和经营需要，进行资金调度和管理，保证企业的资金周转。

③资金投资：根据企业的投资策略和风险承受能力，进行资金投资，

以提高企业的收益。

④资金融通：根据资金流动情况和资金需求，进行资金融通，保证企业的资金周转和运营。

⑤资金风险管理：对企业的资金风险进行管理和控制，防范各种风险对企业资金安全的影响。

资金运营阶段的工作流程是一个循环往复的过程，需要不断进行资金预算、资金筹措和资金运营管理，以确保企业资金的安全和有效运营。同时，需要结合企业的实际情况和经营特点，灵活应对资金运营过程中出现的各种问题，为企业的经营发展提供良好的资金支持和保障。

四、管理报告

财务会计管理报告是财务会计部门向企业管理层提供的一份重要的管理工具，主要是对企业财务状况、经营业绩、成本费用等方面进行分析和解读，为企业管理决策提供支持和参考。财务会计管理报告的主要职责是向企业管理层提供财务信息，辅助企业管理层了解企业的财务状况、经营业绩和财务风险，从而更好地进行管理和决策。

（一）财务会计的管理报告职责

1. 编制财务会计管理报告

财务会计管理报告的主要职责之一是编制财务会计管理报告。财务会计部门需要通过对企业财务数据进行分析和解读，编制财务会计管理报告，以便为企业管理层提供决策支持和参考。

2. 提供财务分析和解读

财务会计管理报告的一个重要职责是提供财务分析和解读。财务会计部门需要对企业的财务数据进行深入分析和解读，以便为企业管理层提供准确的财务分析报告，帮助管理层更好地了解企业的财务状况、经营业绩和财务风险。

3.参与企业预算编制和执行

财务会计部门需要参与企业预算的编制和执行,提出财务管理建议和改进建议。财务会计部门需要对企业的预算进行分析和评估,并提出相应的预算管理建议,协助企业管理层制订合理的预算计划和执行方案。

4.评估企业财务风险

财务会计管理报告的另一个重要职责是评估企业的财务风险。财务会计部门需要对企业的财务数据进行综合分析和评估,及时发现可能存在的财务风险,并提出相应的风险防范和控制措施,以保障企业的财务安全。

(二)管理报告工作流程

1.收集和整理财务数据

财务会计管理报告的编制需要先收集和整理企业的财务数据,包括资产负债表、利润表、现金流量表等,以及其他相关的财务数据和信息。这些数据需要经过初步整理和处理,以便后续分析和解读。

2.数据分析和解读

在收集和整理财务数据之后,需要对这些数据进行深入分析和解读。这个过程需要结合企业的实际情况,对财务数据进行定量和定性分析,从中挖掘出有价值的信息和趋势,以便为企业决策提供支持和参考。

3.编制财务会计管理报告

在完成数据分析和解读之后,需要将分析结果整合并编制财务会计管理报告。财务会计管理报告的内容包括企业财务状况、经营业绩、财务风险等方面的内容,以及未来的财务计划和建议。编制财务会计管理报告需要遵循财务报告的相关规定和标准,确保报告的准确性和可比性。

4.提交和解释财务会计管理报告

在编制好财务会计管理报告之后,需要提交给企业管理层进行审阅和决策。同时,财务会计人员还需要对财务会计管理报告中的相关内容进行解释和说明,以便管理层更好地理解报告的含义和提出相关的问题和建议。

5. 追踪和评估

财务会计管理报告的编制不仅是一次性的工作，还需要财务会计人员对报告中的相关内容进行追踪和评估。这个过程需要跟踪和评估财务计划和建议的执行情况，对报告中的相关信息及时进行更新和调整，以便为企业决策提供持续的支持和参考。

第三节 会计凭证、会计账簿与会计报表

一、会计凭证

会计凭证是指记录经济业务发生或者完成情况的书面证明，是登记账簿的依据。每个企业都必须按一定的程序填制和审核会计凭证，根据审核无误的会计凭证进行账簿登记，如实反映企业的经济业务。

（一）会计凭证的概念

会计凭证，简称凭证，是记录经济活动、明确经济责任的书面证明。会计凭证是登记账簿、进行会计监督的重要依据。正确填制和认真审核会计凭证是财务管理不可缺少的基础工作。任何企业、事业和行政单位在从事任何一项经济活动时，都必须办理会计凭证，也就是由有关人员根据有关规定和程序填制和取得会计凭证，对整个经济活动过程作出书面记录。有关部门和人员要在会计凭证上盖章签字，表示对会计凭证的真实性、正确性与合法性负责。会计人员必须对已取得的会计凭证进行严格审核，只有准确无误的会计凭证才能作为登记各种账簿的凭据。

1. 会计凭证的填制要求

正确填制会计凭证是保证会计记录准确性和财务管理有效性的基本要

求。在填制会计凭证时，需要严格按照有关规定和程序进行操作，确保填制内容准确无误。具体要求如下：第一，凭证字号、日期、科目名称、金额等填写应清晰、规范、统一，不得涂改或遮盖；第二，每笔经济业务都必须有对应的凭证，不得漏填或重复填写，同时必须填写完整的经济业务信息；第三，凭证的填制顺序应按照业务发生的先后顺序进行，时间顺序不能颠倒；第四，凭证填制应注意数据的一致性和逻辑的合理性，不得出现错误或矛盾；第五，对于重要的经济业务，应及时核实、审核并留存相关的票据、单据等材料。

2. 会计凭证的审核要求

会计凭证的审核是保证会计记录准确性和财务管理有效性的重要环节。审核人员需要对填制的凭证进行认真仔细的检查，确保填制内容准确无误，以便作为登记各种账簿的凭据。具体要求如下：

①审核人员应核对填制的凭证是否符合会计准则和企业内部的财务管理制度，确保填制的内容和金额准确无误。

②审核人员应仔细核对凭证中的科目名称和金额，对于涉及会计核算原则的科目或金额较大的业务，应当进行详细核对和确认。

③审核人员应对凭证上涉及的票据、单据等相关资料进行核对，确保凭证的真实性、完整性和合法性。

④审核人员应对凭证的填制顺序进行核对，确保凭证填制的时间顺序和业务发生的先后顺序一致。

⑤审核人员应注意凭证的会计处理方法是否正确、是否符合会计准则和企业内部的财务管理制度要求。

⑥审核人员还应注意凭证上的审批签字和盖章情况，确保凭证的审核程序和结果合法有效。

⑦对于有疑问或不确定的凭证，审核人员应及时向相关部门或领导提出疑问或汇报，以避免出现错误和漏洞。

⑧审核人员应及时处理凭证填制中存在的问题，及时纠正错误，以确保凭证的真实性、正确性和完整性。

3.会计凭证的保管要求

会计凭证在企业的财务管理中具有非常重要的地位和作用。会计凭证的保管是保证财务记录和监督管理有效性的重要环节。凭证的保管要求具体如下：第一，凭证必须按照规定的时间和程序存档，以便后续的核对和审查；第二，凭证的存档必须放在安全可靠的地方，防止凭证丢失、损毁或被盗；第三，凭证的保管应建立健全的档案管理制度，包括凭证的归档、检索、移交、销毁等方面的规定和程序；第四，凭证的保管期限应根据国家法律法规和企业内部管理制度进行规定，对于重要凭证，应当长期保管；第五，凭证的保管人员必须具备一定的会计理论知识和档案管理能力，以确保凭证的完整性和保密性；第六，凭证的保管人员还应定期对凭证进行检查和清点，以确保凭证的存档和保管工作得到有效执行。

（二）会计凭证的种类

企业发生的经济业务内容非常复杂丰富，用以记录、监督经济业务的会计凭证五花八门、名目繁多。为了具体地认识、掌握和运用会计凭证，首先要对会计凭证加以分类。按照会计凭证的填制程序和用途，一般可以将会计凭证分为原始凭证和记账凭证两类。

1.原始凭证

原始凭证是记录经济业务已经发生、执行或完成，用以明确经济责任，作为记账依据的最初的书面证明文件，如出差乘坐的车船票、采购材料的发货票、到仓库领料的领料单等，都是原始凭证。原始凭证是在经济业务发生的过程中直接产生的，是经济业务发生的最初证明，在法律上具有证明效力，所以也可叫作"证明凭证"。原始凭证按其取得的来源不同，可以分为自制原始凭证和外来原始凭证两类。

（1）原始凭证的种类

原始凭证的种类很多，主要根据经济业务的不同类型而有所区别。比较常见的原始凭证有：第一，发票。发票是购买商品或接受服务后，供应商开具的一种书面凭证，用于证明购买或接受服务的金额和性质。发票的种类有增值税专用发票、普通发票、机动车销售发票、运输发票等；第二，收据。收据是收款人出具的一种书面凭证，用于证明收到的款项和性质。收据一般用于收取不超过限额的现金款项；第三，领用单。领用单是记录领取物品或材料的一种书面凭证，用于证明领用的物品或材料的种类、数量和性质。领用单一般用于企业内部的物品或材料领用管理；第四，运输单据。运输单据包括货运单、提单、空运单等，用于记录货物运输的相关信息和费用，作为货物到达目的地后支付费用的依据；第五，结算单据。结算单据包括银行对账单、供应商对账单、客户对账单等，用于记录经济业务的收入和支出，并核对账户余额，以保证账务准确无误。

（2）原始凭证的作用

原始凭证是在经济业务发生的过程中直接产生的，是经济业务发生的最初证明，在法律上具有证明效力。原始凭证具有以下五个方面的作用：第一，记账依据。原始凭证是会计记录的最初依据，所有的会计账务都必须依据原始凭证进行记录和核算；第二，经济业务的真实性和合法性证明。原始凭证可以证明经济业务的真实性和合法性，有助于防范经济风险，避免发生经济纠纷；第三，经济责任的明确和归属。原始凭证可以明确经济业务的责任归属和具体情况，有助于保证企业的经济责任得到准确归属和追究；第四，管理决策的参考依据。原始凭证是企业经济活动的直接记录和反映，可以为企业的管理层提供有关经济活动的详细信息和数据，为管理决策提供参考依据；第五，会计监督的依据。原始凭证是会计监督的重要依据之一，能够帮助会计监督部门对企业的财务状况进行监督和审查，发现并防范财务风险。

（3）原始凭证分类

原始凭证可以按照其取得的来源不同，分为自制原始凭证和外来原始凭证两类。

自制原始凭证是由企业内部直接制作的凭证，如出入库单、内部转账单、工资条等。这种凭证的主要特点是由企业内部制作，内容、格式和管理程序都可以根据企业的实际情况进行灵活调整和规定。

外来原始凭证是由企业外部与之发生经济业务的单位或个人制作的凭证，如发票、收据、购销合同等。这种凭证的主要特点是由外部单位或个人制作，内容、格式和管理程序都在一定程度上受制作者的影响和制约。

（4）原始凭证的管理

原始凭证的管理是企业财务管理中的一个重要环节。准确、及时地管理和保管原始凭证，可以确保财务记录的准确性和财务管理的有效性。原始凭证的管理主要包括以下六个方面：第一，健全的管理制度。企业应该建立健全原始凭证管理制度，包括原始凭证的领用、管理、存档、销毁等方面的规定和程序，确保原始凭证的安全和完整；第二，严格的审核流程。企业应该建立严格的审核流程，确保所有原始凭证的真实性、准确性和合法性，避免因为原始凭证错误或缺失而引发的财务风险；第三，安全的存储环境。企业应该提供安全可靠的存储环境，确保原始凭证不受损、不丢失、不被篡改，以便于后续的审查和核对；第四，定期的清点和检查。企业应该定期对原始凭证进行清点和检查，确保所有凭证都能及时找到并及时归档，防止原始凭证的遗漏或丢失，保证财务记录的完整性和准确性；第五，保密和防止篡改。企业应该对原始凭证采取保密和防止篡改的措施，防止潜在的经济风险和诈骗行为。企业应该对原始凭证进行封存，确保其不被擅自更改或泄露；第六，定期销毁。企业应该按照相关规定，定期销毁已经过期或无用的原始凭证，避免原始凭证的过多积压和管理不当所带来的财务风险。

原始凭证是财务记录的最初依据，对于企业的财务管理至关重要。企业应该建立健全的原始凭证管理制度，加强对原始凭证的管理和保管，确保原始凭证的安全和完整，以便于后续的会计处理、审查和监督。

2. 记账凭证

记账凭证是会计人员根据审核无误的原始凭证或汇总原始凭证，用来确定经济业务应借、应贷的会计科目和金额而填制的，作为登记账簿直接依据的会计凭证。在登记账簿之前，应按实际发生经济业务的内容编制会计分录，然后据以登记账簿，在实际工作中，会计分录是通过填制记账凭证来完成的。

由于原始凭证来自不同的单位，种类繁多，数量庞大，格式不一，不能清楚地标明应记入的会计科目的名称和方向。为了便于登记账簿，需要根据原始凭证反映的不同经济业务，对其归类和整理，填制具有统一格式的记账凭证，确定会计分录，并将相关的原始凭证附在后面。这样不但可以简化记账工作、减少差错，而且有利于原始凭证的保管，便于对账和查账，提高会计工作质量。

记账凭证按其适用的经济业务，分为专用记账凭证和通用记账凭证两类。

（1）专用记账凭证

专用记账凭证是针对特定的经济业务而设计的记账凭证。不同的企业或行业，可能会有各自特定的经济业务，需要相应的专用记账凭证进行记录和处理。例如，银行业会有汇票、存款、贷款等专门的记账凭证，工程建设业会有施工单、工程款等专门的记账凭证。

专用记账凭证的设计应该符合会计规范和实际业务需要，能够准确反映经济业务的借贷方向和金额，方便后续的财务处理和管理。企业在使用专用记账凭证时，需要注意保密性和安全性，防止遭受经济风险和损失。

（2）通用记账凭证

通用记账凭证是适用于各种经济业务的记账凭证，使用较为广泛。通用记账凭证包括收款凭证、付款凭证、转账凭证等，用于反映企业的收入、支出和资金流动等情况。通用记账凭证的设计应该简洁明了，方便填写和审核，也要注意保密性和安全性。

通用记账凭证在企业的财务管理中具有重要作用，它是记录经济业务的直接依据，是保证财务记录准确性和财务管理有效性的基础。企业应建立健全的记账凭证管理制度，规范记账凭证的填制和审核流程，确保财务记录的完整性和准确性。

（三）会计凭证的意义

任何单位，每发生一项经济业务，如现金的收付，物资的进出，往来款项的结算等等，经办业务的有关人员必须按照规定的程序和要求，认真填制会计凭证，记录经济业务发生或完成的日期、经济业务的内容，并在会计凭证上签名盖章，有的凭证还需要加盖公章，以对会计凭证的真实性和正确性负责任。一切会计凭证都必须经过有关人员的严格审核，只有审核无误的会计凭证才能作为登记账簿的依据。会计凭证具有以下四个方面的意义：

1. 记录经济业务的真实性和合法性

会计凭证记录了经济业务的发生或完成日期、内容和金额等信息，是经济业务真实性和合法性的证明。凭证的填制和审核必须按照规定的程序和要求进行，填制凭证的人员必须对所填写的内容负责，审核人员必须对凭证的真实性和合法性进行严格审核，以确保凭证反映的经济业务真实、准确、合法。

2. 作为登记账簿的依据

会计凭证是登记各种账簿的直接依据，是会计信息的最初来源。只有经过审核无误的会计凭证才能作为登记各种账簿的凭证。凭证记录了经济业务的借贷方向和金额等信息，是后续会计处理和管理的基础。

3. 防范经济风险和纠纷

会计凭证记录了经济业务的真实性和合法性，可以防范经济风险和纠纷的发生。企业在经济活动中可能会遇到各种风险和纠纷，例如经济纠纷、税务纠纷等。会计凭证作为经济业务真实性和合法性的证明，可以帮助企业减少或避免经济风险和纠纷的发生。

4.辅助管理决策

会计凭证记录了企业的经济活动，可以为企业的管理决策提供参考依据。企业的经营决策需要基于准确的财务数据和信息，会计凭证作为会计记录的最初依据，可以为企业管理层提供准确的财务信息，帮助其作出正确的管理决策。

会计凭证在企业财务管理中具有重要作用，是保证财务记录准确性和财务管理有效性的基础。企业应建立健全的会计凭证管理制度，规范会计凭证的填制和审核流程，确保财务记录的完整性和准确性。

二、会计账簿

会计账簿是由一定格式、相互联结的账页组成，以会计凭证为依据，全面、连续、系统地记录各项经济业务的簿籍。它包括按会计科目设置的总分类账、各类明细分类账、现金日记账、银行存款日记账及辅助登记备查簿等。

（一）会计账簿的作用

会计账簿是企业财务管理中非常重要的一部分，其作用包括以下五个方面：

1.全面记录经济活动

会计账簿通过记录每一项经济活动的借贷关系和金额，可以全面反映企业在一定时期内的各项资金运动，储存所需要的会计信息。

2.提供详细的经济活动信息

通过账簿的设置和登记，可以将企业不同的信息分门别类地加以反映，提供企业一定时期内经济活动的详细情况，为企业的管理决策提供重要的参考。

3. 反映企业财务及经营成果状况

会计账簿可以反映企业在一定时期内的财务及经营成果状况，如资产负债表、利润表等，为企业的管理和监督提供必要的信息。

4. 建立账证、账账、账表之间的勾稽关系

通过会计账簿的设置和登记，可以建立起账证、账账、账表之间的勾稽关系，确保会计信息的准确性和可靠性，也方便对会计信息的检查和校正。

5. 合法合规的重要证明

会计账簿是企业财务管理的重要组成部分，也是企业合法合规的重要证明，必须按照法律法规和会计准则的要求进行设置和登记，确保会计信息的合法性和规范性。

（二）会计账簿分类

会计核算中应用的账簿很多，不同的账簿，其形式、用途、内容和登记方法各不相同。因此，为了更好地了解和使用各种账簿，必须对账簿进行必要的分类。会计账簿主要包括以下五类：

1. 总分类账

总分类账是按会计科目设置的账簿，记录所有经济业务的借贷方，以及每个会计科目的余额和变动情况。总分类账是财务会计中最基础、最重要的账簿之一，对财务管理工作具有重要的指导和监督作用。

2. 明细分类账

明细分类账是在总分类账基础上，根据经济业务的不同类型和属性，按照不同的明细科目设置的账簿，记录每个明细科目的收支情况和余额。明细分类账可以提供更详细的信息，帮助企业更好地了解自己的资金运行情况，为决策提供更准确的依据。

3. 现金日记账

现金日记账是记录现金收付的账簿，它记录了每一笔现金收付的时间、

金额、收付对象及相关的会计科目。现金日记账可以帮助企业监控现金流量，预测和调整资金需求，以保持良好的现金流量状况。

4. 银行存款日记账

银行存款日记账是记录银行存款和取款的账簿，它记录了每一笔银行存取款的时间、金额和存取对象，以及相关的会计科目。银行存款日记账可以帮助企业监控银行账户余额和交易情况，及时了解自己的资金状况。

5. 辅助登记备查簿

辅助登记备查簿是根据经济业务的具体特点而设置的辅助账簿，如存货台账、应收账款台账、应付账款台账等。它记录了每个具体事项的详细情况，方便管理人员对经济业务的详细情况进行查询和分析。

会计账簿是企业财务管理的重要工具，它可以为管理人员提供及时、准确、全面的财务信息，帮助企业制定决策，优化资源配置，提高经济效益。

三、会计报表

会计报表是企业或组织用来向内外部各方提供财务信息的一种书面文件。通常包括资产负债表、利润表和现金流量表等主要报表，还包括附注、管理层讨论和分析等内容。

资产负债表反映企业在一定时期内的资产、负债和所有者权益的状况。资产负债表上部列出企业的资产项目，下部列出企业的负债和所有者权益项目，通过资产项目和负债、所有者权益项目的相互对比，反映企业的财务状况。

利润表反映企业在一定时期内经营活动的成果，即企业的收入、成本和利润等情况。利润表一般由三部分组成：营业收入、营业成本和利润，其中，营业收入和营业成本用于计算营业利润，而利润则是从营业利润中扣除税金和其他费用后剩余的金额。

现金流量表反映企业在一定时期内现金和现金等价物的流入和流出情况。现金流量表一般包括经营活动、投资活动和筹资活动三个方面的现金流量情况，通过对这三个方面的现金流量情况进行分析，可以更全面地了解企业的现金流动情况。

除了上述主要报表外，企业或组织还可以根据需要制定一些辅助表，如其他应收款余额表、其他应付款余额表、项目支出明细表等，以便更详细地反映企业财务状况和经营情况。

第四节 会计的基本程序

会计程序是按照会计制度或会计准则的要求所使用的一整套特定的会计方法和工作顺序。例如，在对会计业务处理时的凭证传递程序、账簿登记程序、编制报表的程序等。在对生产流程控制时，材料采购中的借款、入库、验收程序；生产中的领料、退料、产成品入库程序；材料、产成品、设备的清查盘点程序等。严格按照会计程序办事，可以提高工作效率，加强监督和控制，防止差错及舞弊现象发生。

一、会计程序的步骤

会计工作的基本流程，就是会计人员在会计期间内，按照国家规定的会计制度，运用一定的会计方法，遵循一定的会计步骤对经济数据进行记录、计算、汇总、报告，从收集原始凭证、编制会计凭证、登记会计账簿、计算、汇总、调整到形成财务报表的过程。通常，将这种依次发生、周而复始的以记录为主的会计处理过程称为会计循环。会计程序一般包括以下六个步骤：

（一）收集原始凭证

会计人员需要收集企业发生的经济业务的原始凭证，如发票、收据、付款单等，作为会计记录的依据。

收集原始凭证是会计程序中的第一步，也是非常重要的一步。在进行会计处理前，会计人员需要收集企业发生的经济业务的原始凭证，如发票、收据、付款单等，以确保会计记录的真实性和准确性。原始凭证记录了企业的经济活动，是会计记录的基础和依据，会计人员必须认真收集、妥善保管原始凭证，以便后续的会计处理和审核。同时，要保证原始凭证的真实性和合法性，避免财务风险。

（二）填制会计凭证

根据收集到的原始凭证，会计人员需要按照会计科目和金额的要求填制会计凭证。具体步骤如下：第一，审核原始凭证的真实性和合法性，确认凭证填制的科目和金额是否正确无误；第二，根据审核结果，按照会计科目的要求填制会计凭证，包括填写凭证字号、日期、摘要、会计科目、借方金额、贷方金额等内容；第三，在填制会计凭证时，应按照会计核算原则和方法进行，如"借贷相等"原则、"权责发生制"原则等；第四，在填制会计凭证时，应注意凭证的编号、日期、摘要等信息的准确性和完整性，避免填写错误和遗漏；第五，填制完毕后，会计人员应仔细核对会计凭证的填写内容，确保凭证的准确性和合法性；第六，会计凭证应经过相关人员审核和盖章签字，以确认凭证的真实性、正确性和合法性；第七，填制的会计凭证应按照一定的规定和程序进行存档，以备查验和核对。

（三）登记会计账簿

会计人员需要将填制好的会计凭证登记到相应的会计账簿中，包括总账、明细账、现金日记账、银行存款日记账等。具体来说，会计人员需要按照会计凭证上的内容，将相应的会计科目和金额记录到各自的账页上。在总账中，会计人员需要按照会计科目的分类，将借方和贷方的金额分别累加，以便得出各项经济业务的总体情况。在明细账中，则需要根据会计科目的细化情况，将各项经济业务的详细情况记录下来。在现金日记账和银行存款日记账中，则需要记录现金和银行存款的收支情况，以便后续核对账目和管理现金流量。

同时，在登记会计账簿的过程中，会计人员还需要注意账目的勾稽和平衡，确保各账簿之间的金额和科目的对应关系正确无误。这样可以避免账目错漏，保证会计记录的准确性和完整性，为后续的财务报表编制提供可靠的数据依据。

（四）计算、汇总、调整

在会计循环过程中，会计人员需要对已登记的会计凭证进行计算、汇总和调整，以确保会计记录的准确性和完整性。

1. 计算

计算是指会计人员根据会计凭证上的金额和会计科目的要求，按照一定的会计方法进行计算，以便正确地反映企业的财务状况和经营成果。比如，对于收入和支出的计算，可以根据现金收付或者应收应付来计算；对于资产和负债的计算，可以采用原值或成本减值计提等方式。

2. 汇总

汇总是指会计人员对一定时期内的会计记录进行汇总，形成汇总表或报表，以便于财务管理和监督。比如，对于一个月的会计记录，可以将其汇总到一个月的总分类账和明细分类账中，形成当月的资产负债表和收支总报表。

3. 调整

调整是指在汇总过程中，会计人员根据需要对会计记录进行调整，以确保会计记录的真实性和完整性。比如，对于预收收入和预付费用等未确认的会计记录，需要进行调整，以反映实际的财务状况。此外，对于其他需要调整的会计记录，也需要根据实际情况进行调整。

（五）编制财务报表

会计人员需要根据会计期间内的会计记录，编制出相应的财务报表，如资产负债表、利润表等，反映企业的财务状况和经营成果。财务报表主要包括以下四个方面：第一，资产负债表。反映企业在一定时点上的资产、负债和所有者权益状况，是评估企业偿债能力、财务稳定性和财务结构的重要依据；第二，利润表。反映企业在一定会计期间内的收入、成本和利润状况，是评估企业经营成果的重要依据；第三，现金流量表。反映企业在一定会计期间内的现金收入、现金支出和净现金流量状况，是评估企业现金管理能力和经营风险的重要依据；第四，股东权益变动表。反映企业在一定会计期间内的股东权益变动情况，是评估企业股东权益状况和股东投资回报情况的重要依据。

编制财务报表需要遵循国家规定的财务报告编制规范和会计制度，确保报表的真实、准确、完整和合法。

（六）审核和检查

在完成以上步骤后，会计人员需要对会计记录进行审核和检查，确保会计记录的真实性、准确性和合法性。审核和检查应当包括以下内容：

对会计凭证的审核：会计人员需要认真审核填制的会计凭证，确保凭证的真实性、准确性和合法性，避免因填写错误或缺失而导致的会计差错。

对会计账簿的检查：会计人员需要对登记的会计账簿进行定期检查，以确保账簿的准确性和完整性，发现并及时纠正错误和缺陷。

对财务报表的审核：会计人员需要对编制的财务报表进行审核，确保报表的准确性和完整性，避免因计算错误或填写不规范而导致的财务风险。

对内部控制的审查：会计人员需要对企业的内部控制制度进行审查，发现并纠正控制缺陷，确保会计记录的完整性、准确性和合法性。

审核和检查是会计工作流程中不可或缺的环节，它们对保证会计记录的准确性和财务管理的有效性起着重要的作用。

这些会计程序的步骤构成了会计循环的基本流程，会计人员需要按照规定的程序和要求，严格按照步骤进行，确保会计工作的正常开展和财务管理的有效性。

二、会计程序公正的实现途径

保证会计准则的制定、会计核算以及会计信息披露三个环节的公正性是实现会计程序公正的必要条件。

（一）会计准则制定过程中的程序公正

会计准则是一种技术规范，其制定目的是通过会计准则达到会计事务处理的科学、合理和内在一致，提高会计信息的质量。在各种政策的制定过程，公平、公正是长期以来一直为人们所遵循的原则，会计准则的制定也是如此。

1. 会计准则制定中的程序理念

具体来说，程序理念在会计准则制定中体现在以下方面：

透明度：会计准则制定的过程应该是透明的，即会计标准制定机构应该公开制定会计准则的全部过程，包括决策的依据、采取的程序、讨论的过程和结果等，以便广大利益相关者能够理解、评价和参与制定过程。

合法性：会计准则的制定应该依据国家法律法规和会计准则制定机构的章程，确保会计准则的制定是合法的、合规的。

公正性：会计准则的制定应该遵循公正、客观、中立的原则，以确保制定出的会计准则对各方面的利益均有保障。

可比性：会计准则应该具有可比性，即不同企业按照同样的会计准则制定的财务报表应该具有可比性，以便各方面可以进行比较和分析。

可操作性：会计准则应该具有可操作性，即企业能够按照会计准则进行会计处理和编制财务报表。

程序理念是会计准则制定的重要理念之一，可以有效地提高会计准则的可靠性和权威性，保证各方面的利益。

2.会计准则制定过程的程序公正

中国在会计准则制定机构和程序建设方面已经形成了适合自己国情的模式，而这种模式已经得到社会各界较高程度的认同。为了进一步增强会计准则制定的公正性、公开性和民主化程度，以程序理性为视角提高会计信息的真实性，实现会计的公正价值观，应履行以下程序公正的原则：第一，公开透明原则。建立健全的信息公开制度，使所有相关方都能获得制定会计准则的信息，包括会计准则制定的议程、会议记录、会计准则的草案、意见征求稿和最终版本等；第二，参与民主原则。应该加强各方面对会计准则制定过程的参与，包括会计师事务所、企业、投资者、学者、政府和社会公众等，形成多元化、广泛的决策参与机制，以确保会计准则的制定符合各方面的利益和需要；第三，专业化原则。会计准则制定应该建立专业化的标准制定机构和专业化的标准制定人员，保证会计准则制定的科学性和规范性；第四，稳定性原则。会计准则制定应该遵循稳定性原则，避免频繁修改会计准则，以维护企业的合理预期和投资者的利益；第五，全面性原则。会计准则制定应该从全面性的角度出发，充分考虑各种不同的情况和利益关系，确保制定出的会计准则可以适应各种企业和经济形态的需要；第六，合法性原则。会计准则的制定应该遵循法律法规的规定，确保制定出的会计准则符合法律法规的要求和精神。

（二）会计核算环节中的程序公正

在会计核算环节中，程序公正也是十分重要的。会计核算的目的是要求会计人员按照规定程序对原始凭证进行记录、分类、计量、汇总和报告，从而得到准确、真实、完整的财务报表。程序公正就是要求会计人员在核算过程中，遵循规定的程序和方法进行会计核算，以保证会计信息的真实性、准确性和完整性。

程序公正的实现主要包括以下几个方面：

严格遵守会计准则和会计制度的规定：会计人员需要根据会计准则和会计制度的规定进行会计核算，确保核算过程的合规和公正。

规范化的操作流程：建立规范的操作流程，确保会计人员按照一定的程序进行会计核算，避免随意性和主观性的干扰，从而确保会计核算的公正性。

严格的内部控制：建立严格的内部控制制度，包括对会计凭证、账簿、报表等的审批、审核和监督，确保会计信息的真实性和完整性。

审计监督：会计核算需要经过审计机构的监督和审计，确保会计信息的真实性和准确性，避免虚假的会计信息进入财务报表。

程序公正是保证会计信息真实性和准确性的重要保障，只有遵循严格的会计准则和制度规定，并按照规范化的操作流程进行会计核算，才能保证会计核算的公正性和合规性。同时，严格的内部控制和审计监督也是保证程序公正的重要手段。

（三）会计信息披露过程中的程序公正

在会计信息披露过程中，程序公正主要体现在以下四个方面：

1. 信息披露制度的公正性

制定和完善信息披露制度是保障信息披露公正的重要途径。信息披露制度应该明确、公开、透明，能够为投资者提供充分的信息，使投资者在投资决策中作出正确的选择。制定信息披露制度时，应该坚持程序公正原则，公开透明地制定制度，严格遵循会计准则和法律法规的规定，确保信息披露制度的公正性。

2. 信息披露过程的公正性

信息披露过程应该严格按照规定的程序进行，确保信息披露的公正性。在信息披露过程中，应该加强监管，防范人为因素对信息披露的干扰。信息披露的过程应该是公开透明的，确保信息披露的全面性、准确性和及时性，避免信息传递的不充分和不及时。

3.信息披露的质量和准确性

信息披露的质量和准确性是信息披露公正的重要保障。在信息披露过程中，应该确保披露的信息真实、准确、完整，严格遵循会计准则和法律法规的规定，避免误导投资者和损害投资者的利益。

4.信息披露的公平性

信息披露应该公平、平等地向所有的投资者开放，避免某些投资者占有信息优势，导致信息不对称和市场失灵。要保证信息披露的公平性，需要在信息披露过程中加强监管，建立完善的信息披露平台，提高信息披露的透明度和全面性。

程序公正对于保障会计信息披露的公正性具有重要意义，只有坚持程序公正原则，加强监管和完善制度，才能提高会计信息披露的质量和准确性，保护投资者的合法权益，推动资本市场的健康发展。

三、会计的未来与展望

（一）未来的会计应该是价值创造的会计

突破传统的会计职能（反映和监督），是对传统会计职能的拓展和提升。要想实现会计的价值创造职能，需要依托业财融合的理念，运用管理会计的工具与方法。

1.充分发挥管理会计职能

管理会计是一门面向内部管理的会计分支，是企业经营决策过程中所必需的信息系统和决策支持工具。通过管理会计的运用，企业可以更好地了解自身的财务和非财务状况，分析和解决存在的问题，优化经营管理过程，提升企业绩效。

管理会计的职能主要包括预测经济前景、参与经济决策、规划经营目标、控制经济过程、考核评价企业绩效等。首先，通过对内外部环境的分析和预测，管理会计可以为企业提供有关经济前景的信息，为企业决策提供科学依据。其次，在经济决策过程中，管理会计可以参与制订企业战略和经营计划，制订预算和经营指标，为企业的经济决策提供有力支持。再次，管理会计可以规划经营目标和计划，为企业的长期发展提供战略规划和方向。此外，管理会计可以通过制定控制措施，实现对企业经济过程的监控和管理。最后，通过对企业绩效的考核和评价，管理会计可以为企业提供绩效改进的有关建议和指导，提高企业的绩效。

与财务会计相比，管理会计更加注重内部管理和决策支持，更加注重实用性和灵活性。通过充分发挥管理会计职能，企业可以更好地应对市场变化，优化管理过程，提高企业绩效，增强竞争力，实现可持续发展。

2. 业财融合新理念

业财融合是指将财务管理与业务管理紧密结合起来，以支持企业管理决策，实现企业的持续增长和发展。在传统的企业管理中，财务管理与业务管理通常被视为两个独立的领域，业务部门和财务部门在管理过程中往往缺乏沟通和协调，导致资源浪费、决策不当等问题。业财融合的理念要求将财务信息和业务信息整合起来，形成一种紧密相连的协同关系，共同服务于企业的经营管理。

在业财融合的实践中，企业可以通过建立全面的管理信息系统，实现对财务、业务和管理活动的统一管理和控制。这样，企业可以将财务数据与业务数据相结合，获得更全面、准确的经营信息，提高管理决策的科学性和精准性。同时，通过对财务数据的分析和运用，企业可以更好地掌握财务风险、优化资金结构、提高资产效率和减少成本，从而更好地支持业务发展。

在业财融合的实践中，企业需要加强各部门之间的沟通和协作，建立有效的业务流程和管理机制，实现各项业务活动的精细化管理和控制。同时，企业也需要不断优化自身的财务管理制度和流程，提高财务数据的准确性和透明度，确保企业财务信息的真实性和可靠性。通过实施业财融合，企业可以更好地适应市场环境的变化，提高自身的核心竞争力，实现持续的经济增长和发展。

（二）未来的会计是智能驱动的会计

随着 AI 技术的高速发展，人工智能技术也在会计领域悄然兴起。这必将对会计行业产生巨大而深远的影响。智能会计将突破传统的会计工具（算盘、计算器），借助信息技术和大智移云的网络环境完成信息处理过程。智能驱动的会计体现在三个方面：第一，基础层是财务机器人；第二，核心层是智能财务共享平台；第三，深化层是智能财务平台。智能会计的三个层次可以进一步详细解释如下：

1. 基础层是财务机器人

财务机器人是一种可编程机器人，可以代替人工执行一些烦琐的、低价值的财务工作，如数据收集、数据录入、报表生成等。财务机器人可以大大提高工作效率和准确度，并且可以 24 小时不间断地工作。

2. 核心层是智能财务共享平台

智能财务共享平台是一种基于云计算、大数据、人工智能等技术构建的智能化管理平台。它可以为企业提供全方位的财务管理服务，包括财务数据分析、财务预测、风险管理等。智能财务共享平台可以集成多个财务系统和数据来源，实现数据共享和信息交流，提高企业的财务管理水平。

3. 深化层是智能财务平台

智能财务平台是一种基于人工智能和区块链技术的金融智能化平台。它可以自动化完成财务审计、财务风险管理、财务投资等工作，帮助企业实现全面智能化的财务管理。智能财务平台还可以利用区块链技术实现信息安全和数据隐私保护，为企业提供更加可靠的财务服务。

未来的会计是智能驱动的会计，将以智能化、自动化、数字化为主要特征，为企业提供更加高效、准确、智能化的财务服务。

（三）未来的会计是互联共享的会计

未来的会计是互联共享的会计，主要有以下五个特点：第一，去中心化。区块链技术的去中心化特点，可以让多个参与者在同一个平台上进行交易，不需要中心化机构作为中介，从而减少中介环节，提高交易效率；第二，分布式记账。通过区块链技术，会计信息可以分布式地保存在不同的节点上，每个节点都有完整的信息副本，从而保证数据的安全性和真实性；第三，智能合约。通过智能合约技术，可以将会计信息的处理过程自动化和智能化，使会计处理过程更加高效和精确；第四，多方信息互通。区块链技术可以实现多方信息共享和互通，包括公司内部、政府部门和其他企业之间的信息共享和协同处理，从而提高了会计信息的准确性和实时性；第五，监管透明。区块链技术可以提供完整的交易记录和审计跟踪功能，使监管部门可以更加准确地掌握企业的财务状况和交易行为，从而更好地实现监管透明。

未来的会计将通过互联共享的方式，实现多方信息共享、去中心化、分布式记账和智能合约，从而实现会计信息处理的自动化、高效化和精确性，更好地服务于企业和社会发展的需要。

第二章
新时期会计制度分析

第一节 会计制度的概念

一、会计制度的含义

会计制度是对商业交易和财务往来在账簿中进行分类、登录、归总、分析、核实和上报结果的制度。它是进行会计工作应遵循的规则、方法、程序的总称。会计制度的目的是规范和规定会计核算的一系列活动，使其更具有规范性和可比性，从而保证会计信息的真实性、准确性和可靠性。国家统一的会计制度是指国家财政部门根据会计法制定的关于会计核算、会计监督、会计机构和会计人员以及会计工作管理的制度。会计制度的重要性在于它规定了会计核算的基本原则、会计科目的设置、会计凭证的使用、会计账簿的管理、财务报表的编制和披露、审计制度等方面的要求。只有严格按照会计制度进行会计核算，才能保证会计信息的准确、完整和可比，保证会计信息的真实性、公正性和可靠性，从而为企业经营管理和决策提供可靠的财务依据。

二、会计制度的种类

会计制度的种类有：企业会计制度、小企业会计制度、事业单位会计制度及非营利组织会计制度等。

（一）企业会计制度

企业会计制度是企业内部制定的有关会计核算、会计处理、会计监督和会计报告的规章制度，是企业管理的一项重要制度。企业会计制度应当适应国家法令和制度的要求，也需要考虑企业本身的实际情况和专业条件，以保证企业会计信息的真实、准确和完整，为企业的管理、经营决策提供有力的支持和保障。

企业会计制度主要包括会计核算、会计处理、会计监督和会计报告等方面。其中，会计核算是企业会计制度的基础，涉及企业各项经济业务的记录、计量和汇总等；会计处理是在会计核算的基础上，根据会计准则和企业实际情况进行账务处理；会计监督是指企业内部会计监督机构对会计核算和会计处理的监督和检查；会计报告是根据国家法律法规和会计准则的要求，编制各种财务报表，为企业的管理、监督和决策提供信息支持。

企业会计制度的制定应当遵循科学、规范、严密的原则，注重实用性和灵活性，根据企业的实际情况和经营特点制定相应的规章制度。此外，企业会计制度在执行中只有得到各级领导的高度重视和全体员工的认可和遵守，才能真正发挥其应有的作用。

（二）小企业会计制度

随着我国市场经济的不断发展和小微企业的增多，小微企业成为我国经济发展的重要力量。因此，制定适合小微企业的会计制度，促进其健康发展，是非常必要的。本文将从小微企业的特点、小微企业落实会计制度中的问题方面，进行详细的探讨。

1. 小微企业的特点

小微企业是指在我国国民经济中，以个体工商户、小企业、微企业等形式存在的企业。小微企业在数量上占我国企业总数的绝大部分，是我国经济发展的重要组成部分。小微企业的特点主要表现在以下四个方面：第一，规模小，资金相对有限。小微企业的经济规模比较小，资金不充足，没有足够的资源来支持企业的运营和发展。第二，经营范围相对较窄。小微企业主要在本地区或者局部市场开展经营活动，经营范围相对较窄。第三，人员少，管理相对薄弱。小微企业的人员较少，管理相对较为薄弱，缺乏专业人才和管理经验。第四，法律意识相对薄弱。小微企业的法律意识相对较为薄弱，对于法律法规的理解和执行相对不足。

小微企业的特点决定了它们在会计制度的落实方面存在着诸多问题。

2.小微企业落实会计制度中的问题

小微企业落实会计制度中的问题主要表现在以下六个方面：第一，会计记录不规范。由于小微企业的管理相对薄弱，会计记录经常出现不规范的情况。例如，账簿不及时更新，记录不准确，甚至有时根本没有账簿等。第二，财务报表缺失。小微企业由于管理相对薄弱，对财务报表的重要性认识不足，导致财务报表缺失或不规范，影响了企业的财务管理和决策。第三，会计人员素质不高。小微企业中的会计人员素质普遍较低，缺乏专业知识和实践经验，影响了企业的会计工作质量和效率。第四，会计监督不到位。由于小微企业的规模较小，往往没有专门的会计监督机构，容易出现会计舞弊和财务疏漏等问题。第五，会计准则适用不当。小微企业的经营活动和财务状况与大型企业存在较大差异，应用会计准则时易出现应用不当的情况。第六，会计制度管理缺失。小微企业在会计制度管理方面缺乏相应的人员和机构，容易出现制度执行不力、制度变动不及时等问题。

小微企业在会计制度落实上存在多方面的问题，这些问题不仅制约了企业的发展，也影响了国家的经济发展。因此，需要采取一系列措施加以解决。

（三）事业单位会计制度

事业单位会计制度是事业单位会计工作的基础，也是事业单位进行会计核算、编制财务报表以及财务管理的规则、方法、程序的总称。它是指导事业单位进行财务管理、监督财务收支、评价财务状况、规范财务报告等方面的具体制度。事业单位会计制度对于保证事业单位财务信息的真实、准确、完整和及时性，维护国家财政经济秩序和社会稳定，具有重要的意义和作用。

1.事业单位会计制度应避免的问题

缺乏标准化：如果事业单位会计制度缺乏统一的规范，各单位制定的会计制度不统一，存在差异，缺乏标准化管理，会导致会计核算不规范、不透明。

缺乏现代化：如果事业单位会计制度不能适应时代发展的要求，会导致财务管理不够高效。

缺乏透明度：如果事业单位会计制度在信息披露方面不够透明，不能及时准确地向社会公开财务信息，会导致事业单位财务信息失去真实性、及时性。

缺乏绩效评价：如果事业单位会计制度过于关注会计核算和财务报告，缺乏对财务绩效的评价和考核，就难以评估事业单位的经济效益和社会效益。

2.事业单位会计制度建设要求

（1）制定统一的事业单位会计制度

在全国范围内制定统一的事业单位会计制度，规范各级事业单位的财务管理和财务报告，提高事业单位会计核算的规范性、透明度和质量。

（2）强化会计信息的披露

完善事业单位会计信息披露制度，提高信息的透明度和及时性，让社会公众更好地了解事业单位的财务状况。

（3）推进现代化管理

借鉴国际先进的管理经验，完善事业单位会计管理模式，推动事业单位会计工作现代化，提高财务管理效率和质量。

（4）加强法治建设

将会计法和相关法律法规贯彻落实到事业单位会计制度建设中，加强会计监管和违法违规行为的惩罚力度，规范事业单位会计活动，提高事业单位的信誉度和社会声誉。

（5）加强人才培养

加强对事业单位会计人员的培训和考核，提高人员素质和技能水平，保证会计信息的准确性和及时性。

（6）加强信息技术支持

在事业单位会计制度建设中，充分利用信息技术，提高会计信息处理的效率和准确性，加强信息安全和保护。

（7）加强国际交流与合作

加强与国际组织的交流与合作，借鉴国际先进经验，促进事业单位会计制度建设的国际化和先进化，提高事业单位会计工作水平和竞争力。

事业单位会计制度的建设应该紧密结合经济社会发展实际，坚持市场化、法制化和现代化的原则，推动事业单位会计工作规范化、透明化、高效化和科学化，促进事业单位健康发展和经济社会的进一步发展。

（四）非营利组织会计制度

民间非营利组织之中所应用的各方面资源，均为提供者以无偿的形式投入的实物或是货币，同时提供者不期望从中获取回报，也不享有组织所有者的各项权益，组织的发展目的也并非实现盈利。凡是符合以上各项条件的医疗机构、学校一类的社会服务机构，均需在我国境内根据《民间非营利组织会计制度》，开展会计核算工作。

1.资产会计处理问题

非营利组织的资产会计处理问题是其会计制度中一个重要的方面。资产会计是非营利组织财务管理的核心，对于非营利组织的财务稳健和管理规范具有重要的意义。下文将就非营利组织资产会计处理问题进行详细探讨，从会计对象、会计处理方法以及会计确认原则等方面进行分析。

（1）会计对象

非营利组织的资产主要包括长期资产和短期资产两类。长期资产包括不动产、设备、软件等固定资产，以及资产捐赠、投资等其他长期资产；

短期资产包括库存商品、应收账款、其他应收款等。

对于长期资产,其价值较高且使用年限较长,一般需要采用折旧法进行会计处理。折旧法是一种分期摊销方法,将资产原值按照一定比例逐年摊销,计入费用,反映资产的实际使用价值,同时对财务报表的真实性和准确性起到了保障作用。同时,对于长期资产的捐赠和投资,也需要进行会计确认和计量处理。

短期资产的使用年限较短,一般不需要采用折旧法进行会计处理。短期资产的会计处理主要包括清点、核算、计提坏账准备等。

(2)会计处理方法

非营利组织资产会计处理方法主要包括计量、确认、披露等方面。

计量。资产的计量是非营利组织会计处理的一个核心问题。计量的目的是确定资产的价值,为财务报表的编制提供数据支持。计量方法主要包括成本法、公允价值法、账面价值法等。成本法是指以资产取得时的成本作为其价值,如固定资产原值、库存商品成本等,常用于计量固定资产、库存商品等。公允价值法是指根据市场供求关系和交易价格等因素,对资产进行重新估价,如对股票、债券等进行会计确认和计量。账面价值法是指将原值减去已计提折旧或摊销的金额作为资产的价值,如计算固定资产净值。

确认。确认是指将事项或交易计入财务报表的过程。非营利组织资产的确认主要涉及资产的所有权、使用权以及收益的确认。首先,资产所有权的确认主要涉及非营利组织是不是该资产的所有者,是否具有该资产的权益和责任。例如,非营利组织是否拥有固定资产的所有权,是否能够享受该资产带来的收益或承担相关的责任。其次,资产使用权的确认主要涉及非营利组织是否具有使用该资产的权利和义务。例如,非营利组织是否可以使用捐赠的资金购买固定资产,是否可以使用捐赠的土地建设公益设施等。最后,资产收益的确认主要涉及非营利组织是否可以获得资产带来的经济利益或其他收益。例如，非营利组织是否能够获得投资股票的股息收益，是否能够从房屋租金中获得租赁收益等。

披露。披露是指在财务报表中明确和详尽地呈现非营利组织的资产情况。披露的主要内容包括资产种类、资产数量、资产价值、资产用途、资产所有权、资产使用权、资产收益等。同时，披露的内容还应当包括对资产的计量和确认方法、计提折旧和摊销的情况、重要资产的评估方法和结果、资产减值准备的计提情况等。这些信息的披露可以帮助财务报表使用者更加全面地了解非营利组织的资产情况，从而更好地评估非营利组织的财务状况和发展潜力。

非营利组织资产会计处理方法包括计量、确认、披露等方面，要求会计人员具备严谨的计量方法、准确的确认标准以及详尽的披露内容，从而提高财务报表的可信度和可读性，为非营利组织的健康发展提供有效的财务管理保障。

2.净资产会计处理问题

净资产是非营利组织的重要财务指标，也是评价非营利组织经济实力和财务稳定性的重要指标。净资产指的是非营利组织所有者权益的余额，是组织所拥有的资产减去其负债后的余额。在会计处理中，净资产会计处理主要涉及以下三个方面。

（1）计算净资产

计算净资产的基本方法是将非营利组织所有者权益中的捐赠收入、基金收入、事业收入、政府补助收入、净利润等全部加起来，再减去支出中的管理费用、营业成本、项目支出等，得出的余额即为净资产。需要注意的是，捐赠收入和基金收入应当分别计入特定目的基金和一般基金，以保证其资金用途的专款专用。

（2）会计核算

净资产的会计核算主要涉及非营利组织所有者权益账户的管理和记账

处理。在会计处理中，应当将非营利组织所有者权益分为特定目的基金和一般基金两部分进行管理，每个基金应当设立专门的账户进行管理。特定目的基金应当记录各项基金的捐赠收入、使用收益、资产增值或减值等，而一般基金应当记录所有未划归特定基金的收入、支出、转移等。在记账处理中，应当确保每个基金账户的余额准确无误，防止错误记账导致净资产计算得不准确。

（3）报表披露

净资产的报表披露主要体现在财务报表中。在非营利组织的财务报表中，应当分别列示特定目的基金和一般基金的余额，并分别列示每个基金的捐赠收入、使用收益、资产增值或减值等。此外，还应当列示非营利组织的总净资产余额，以便评估非营利组织的整体经济实力和财务稳定性。

净资产的会计处理是非营利组织会计制度中的重要问题，需要根据实际情况建立科学的计算方法、规范的会计核算和完善的报表披露体系，以确保净资产计算的准确性和财务报告的及时性。

3.收入会计处理问题

非营利组织的收入主要包括捐赠收入、业务收入和政府拨款收入。收入的会计处理应当按照确认、计量、披露的原则进行。

确认。确认是指将事项或交易计入财务报表的过程。非营利组织的收入确认主要根据以下原则进行：第一，确认的基础。收入必须有可靠的证据证明其已经实现或者很可能实现。第二，确认的时间。收入应当按照实现原则计入财务报表，即收到款项或者服务已经提供完毕。第三，确认的价值。收入应当按照公允价值计量，如果无法确定公允价值，则应按照成本价值计量。

计量。非营利组织的收入计量主要包括以下原则：第一，计量基础。收入应当按照实际收到的现金或者其等价物计量，如捐赠物资等。第二，计量时间。收入应当按照实现原则计量。第三，计量价值。收入应当按照公允价值计量，如果无法确定公允价值，则应按照成本价值计量。

披露。非营利组织的收入披露主要包括以下内容：第一，收入来源说明，包括捐赠收入、业务收入和政府拨款收入的来源和金额等；第二，收入计量说明，包括收入的计量基础、计量时间和计量价值等；第三，收入确认说明，包括收入确认的原则、基础和时间等；第四，其他相关的披露信息，如收入的用途、限制性捐赠收入等。

4. 费用会计处理问题

费用确认时机。费用确认时机是指费用应当计入会计记录的时间点。非营利组织通常采用权责发生制，即在相关的收入确认时同时确认相关的费用。例如，如果一个非营利组织收到了一笔捐款，用于支付员工工资，那么在确认收到捐款时同时确认相应的工资费用。

费用计量方法。费用计量方法是指将费用转换为货币量的方法。非营利组织常用的计量方法有实际发生制和预算制。实际发生制是指以实际发生的费用为基础进行计量，即将已发生的费用按照实际金额计入财务报表。预算制是指以预算为基础进行费用计量，即将费用按照预算金额计入财务报表。

费用分类。费用分类是指将费用按照不同的性质进行分类。非营利组织的费用分类一般包括管理费用、营销费用、研发费用等。其中，管理费用是指与组织管理相关的费用，包括薪资、福利、办公用品等；营销费用是指与销售和市场推广相关的费用，包括广告费、促销费等；研发费用是指与科研和技术开发相关的费用，包括实验室设备费、研究人员薪资等。

费用分摊。费用分摊是指将支出分摊到各个成本中心或项目中。非营利组织的费用分摊通常采用直接分摊法或间接分摊法。直接分摊法是指将费用直接分摊到成本中心或项目中，例如将一笔广告费用直接分摊到相关的项目中；间接分摊法是指将费用按照一定的分摊比例分摊到成本中心或项目中，例如将一笔管理费用按照各个项目的人工费用比例进行分摊。

三、企业会计制度与会计准则的异同分析

会计制度能够凭借其法律效力对企业各项会计操作进行切实有效的规范，使会计核算数据更加准确，工作质量得到相应提升，也对投资人应有权益进行维护，推进企业迈向国际化环境并稳步前行。会计制度与准则皆属于国家会计核算制度，是其重要的组成部分，企业根据其内容来规范自身会计核算行为，寻找当中区别与联系，审视以往工作模式并结合会计制度与会计准则的异同来寻找操作中的不足，有方向地加以改进，为企业制定决策带来准确依据，使之呈现出科学与长远性，让企业更具创造力地走入国际环境，凭借极高竞争实力在市场中站稳脚跟。

（一）会计准则的实施价值

1. 提升企业财务管理水平

会计准则作为财务管理的重要规范，其实施可以促进企业财务管理水平的提升。通过规范企业的会计核算和财务报告，减少会计数据的歧义性和不确定性，提高了财务数据的准确性和可比性。同时，会计准则的实施也可以帮助企业建立完善的内部控制制度，防范财务风险，提高企业的管理效率和决策水平。

2. 提高企业在国际市场中的竞争力

随着全球化经济的发展，企业在国际市场中的竞争日益激烈。会计准则的实施可以帮助企业更好地适应国际市场的要求和规则，使企业的财务报告与国际接轨，提高企业在国际市场中的竞争力。

3. 促进国际经济合作和贸易自由化

会计准则的实施有助于促进国际经济合作和贸易自由化。会计准则的统一化可以消除不同国家、地区之间会计制度的差异，促进国际经济合作和贸易自由化，促进全球经济的繁荣和发展。

4. 提升企业的社会责任感

会计准则的实施可以促进企业对社会贡献的认识，提升企业的社会责

任感。会计准则规定了企业应当如何计量和披露社会责任相关的信息，如环境保护、员工福利、慈善捐赠等，这些信息的披露有助于企业建立健全的社会责任制度，提高企业的社会形象和声誉，增强企业的公信力。

（二）会计准则与会计制度间的关联性

会计准则与会计制度是企业会计核算的两个核心部分，二者密切关联。会计准则是企业会计核算的主体部分，是指用于指导企业会计核算的规范性文件。会计制度是企业会计核算的具体实施过程，是指企业会计核算的规章制度，包括会计政策、会计科目、会计账簿、会计报表等。会计准则与会计制度的关联性表现在以下几个方面：

1. 并行使用阶段

目前，我国的会计准则与会计制度处于并行使用阶段。在实际应用中，会计准则和会计制度是并存的。企业在会计核算过程中，必须同时遵循会计准则和会计制度的规定。

2. 会计准则的指导作用

会计准则具有指导性、规范性和强制性。企业在制定会计政策和核算会计科目、编制财务报表时，必须遵循会计准则的规定。会计准则的指导作用对于规范企业会计核算行为、保障会计信息真实可靠、提高会计信息质量具有重要的作用。

3. 会计制度的具体实施

会计制度是会计准则的具体实施过程，是企业会计核算的规章制度。会计制度的制定是根据会计准则和企业自身情况进行制定的，具有针对性和实际操作性。企业在实施会计核算时，必须按照会计制度的规定进行操作，确保会计核算的准确性和规范性。

（三）企业会计制度与会计准则的差异

企业会计制度和会计准则都是用于规范企业会计核算的标准。虽然二者有相似之处，但也存在着一些明显的差异。

1. 法律效力不同

企业会计制度具有法律效力，其制定和实施都必须遵循法律程序。而会计准则法律效力较会计制度稍弱，但是企业在进行财务报告时也必须依照会计准则进行。

2. 规范范围不同

企业会计制度是针对企业的会计核算活动的全过程进行规范，包括会计政策、会计科目、账簿、会计报表等方面。而会计准则则是针对具体的会计处理事项进行规范，例如收入确认、成本计算、资产计量等。

3. 强制性不同

企业会计制度是强制性规定的，企业必须按照制度的规定进行会计核算和财务报告。而会计准则虽然没有会计制度的强制性强，但是财务报告必须按照会计准则进行编制，否则会受到监管机构和投资者的质疑。

4. 更新周期不同

企业会计制度的更新周期相对较长，通常会按照一定的时间周期进行修订，例如每五年修订一次。而会计准则的修订相对较频繁，随着会计理论和实践的发展不断更新，每年都会进行一些修订。

企业会计制度和会计准则都是企业会计核算的重要标准，二者相互关联、相互作用。企业在进行会计核算和财务报告时必须同时遵循企业会计制度和会计准则，以确保财务报告的准确性和规范性。

（四）企业会计制度与会计准则的相同点

企业会计制度与会计准则的相同点主要体现在以下四个方面：

1. 规范性文件

企业会计制度和会计准则都属于规范性文件，都对企业会计核算的各个环节作出相应的规定和要求，从而保障了会计信息的准确性和规范性。

企业会计制度是指财政部制定的适用于全国各类企业的会计制度，是对企业会计核算的各个环节进行规范的文件，其具有普遍适用性。而会计准则则是指对会计核算中的各种事项进行规范的标准和规则，其具有一定的针对性和适用范围。

这两个规范性文件的制定和实施都有利于规范企业会计核算行为，提高会计信息的准确性和可靠性，进而保障了经济运行的稳定和健康发展。

2. 约束性

企业会计制度和会计准则都具有强大的约束力，对企业的会计核算行为进行规范和指导，对企业的财务状况和经营成果进行客观、真实、全面的反映。

企业会计制度和会计准则的约束力可以从不同层面进行解释。首先，在法律层面上，企业会计制度和会计准则都是企业必须遵守的。其次，在经济层面上，企业会计制度和会计准则规范了企业的会计核算行为，使其更加准确、真实和全面，对企业的财务状况和经营成果进行了客观的反映。这对于投资者、债权人、政府监管部门和其他利益相关方都具有重要意义，因为他们可以依据这些信息作出决策，评估企业的经营状况和风险水平，促进市场透明度和公正竞争。

此外，企业会计制度和会计准则应该确保企业的会计信息质量和真实性，促进社会经济发展和良性运行，维护市场秩序和社会稳定。因此，企业应该在遵守企业会计制度和会计准则的同时，树立正确的价值观念，注重社会责任，为社会做贡献。

企业会计制度和会计准则的约束力是企业会计核算工作的重要保障，可以有效促进企业会计信息的准确性和规范性，为企业的健康发展和社会的经济繁荣做出贡献。

3. 重要作用

企业会计制度和会计准则都是会计核算的重要组成部分，具有重要的作用和意义。

首先，会计制度和会计准则都对会计要素的确认、报告和计量等方面作了相应的规定。例如，会计制度对于会计科目的设置、账户的处理、会计凭证的制作等都有明确的规定；而会计准则对于资产、负债、所有者权益、收入和费用等会计要素的确认和计量也有具体的规定。这些规定对企业会计核算具有指导性和约束性作用，能够保证企业会计信息的准确性和规范性。

其次，会计制度和准则都能够提高企业的财务管理水平，促进企业的健康发展。企业遵循会计制度和准则进行会计核算，能够更加规范和严谨地处理财务事项，及时准确地了解企业财务状况，有效地防范风险，提高决策的科学性和准确性，从而为企业的健康发展提供有力支撑。

最后，会计制度和准则也能够促进企业的合规经营和社会信誉度。企业严格遵守会计制度和准则的规定，能够使企业的财务状况得到客观、真实、全面地反映，提高了企业的透明度和诚信度，有助于树立企业形象，增强社会公众对企业的信任。

企业会计制度和会计准则对企业的财务管理和健康发展具有重要作用。企业应当认真遵守和执行相关规定，不断加强财务管理水平，合规经营，提高社会信誉度。

4. 推广和实行

随着我国经济的快速发展，企业会计制度和会计准则在企业中得到了广泛的应用和推广。这不仅有助于保障企业财务信息的准确性和真实性，还有助于提高企业的经营效率和管理水平，促进企业的健康发展。

企业会计制度和会计准则规范了企业会计核算的各个环节，包括会计记录、会计报告、会计核算和会计监督等方面的规定。通过严格遵循和实施企业会计制度和会计准则，企业能够及时准确地反映其财务状况和经营成果，使企业能够更好地了解自身的经营情况，作出正确的决策。

同时，企业会计制度和会计准则的推广和实施有助于提高企业的竞争力和市场地位。在当前的市场竞争环境中，企业必须具备良好的财务管理能力，才能在市场竞争中获得优势。严格遵循和实施企业会计制度和会计准则，有助于企业实现财务信息的真实、准确和及时，提高企业的信誉和市场形象，从而赢得更多的市场份额。

企业会计制度和会计准则在企业中的推广和实施，是保障企业财务信息真实、准确和规范的重要举措，也是提高企业竞争力和市场地位的必要手段。随着我国经济的不断发展，企业会计制度和会计准则将继续得到广泛应用和深入推广，为企业的发展和经济的繁荣作出更大的贡献。

第二节 我国会计制度的发展变迁

一、我国会计制度变迁的历史及原因

（一）我国会计制度变迁的历史

我国的会计制度变迁可以追溯到20世纪初，可以将我国会计制度变迁分为三个阶段：

1. 早期会计制度（1900~1949年）

早期会计制度主要是由各个银行和企业自行制定，没有统一的规范和标准。在这个时期，会计核算主要是为了记录和确认资产和负债，以便对外提供财务信息。

2. 中华人民共和国成立后的会计制度（1949~1978年）

1949年中华人民共和国成立后，会计工作开始由国家财政部门组织和管理。在这个时期，会计制度主要以国营企业为主，强调国家所有制和计划经济。会计核算主要是为国家的计划调配和统计分析提供数据支持。

3. 改革开放以来的会计制度（1978年至今）

改革开放以后，我国逐渐走向市场经济，会计制度也随之改革和发展。《中华人民共和国会计法》和《企业会计准则》的实施，使我国的会计制度逐步规范化和标准化。我国的会计制度也开始同国际接轨，引进国际先进的会计准则和理念。

我国的会计制度经历了从无到有、从粗放到规范、从计划经济到市场经济的历程，不断完善和发展，为我国的经济发展提供了坚实的财务基础和支持。

（二）我国会计制度变迁的动因分析

我国会计制度变迁的动因可以从以下五个方面进行分析。

1. 经济改革的需要

在改革开放初期，我国经济体制改革推进，市场化程度不断提高，传统的会计制度已经不能满足改革后经济发展的需要，因此需要进行改革和更新。

2. 国际会计准则的影响

我国加入世界贸易组织后，需要遵循国际通行的会计准则，提高我国企业的国际竞争力。因此，我国会计制度需要进行改革，以满足国际会计准则的要求。

3. 经济发展的需要

随着我国经济的快速发展，会计制度需要适应新形势，以更好地反映企业经营情况和财务状况，为经济发展提供更加准确和有效的信息。

4. 社会要求的变化

随着社会的发展，人们对企业的社会责任和透明度要求越来越高，会计制度需要适应这种变化，提高会计信息披露的透明度和真实性，促进社会信任和稳定。

5. 技术的发展

随着信息技术的发展，会计信息系统的自动化程度不断提高，需要与时俱进地改革和更新会计制度，以适应信息技术发展的需要，提高会计核算效率和准确性。

我国会计制度变迁的动因是多方面的，从经济改革的需要、国际会计准则的影响、经济发展的需要、社会要求的变化到技术的发展等多个方面来看，都需要推动我国会计制度变革和更新，以适应新形势的发展需要。

（三）会计制度变迁的影响因素

1. 经济因素

经济因素是会计制度变迁的最主要因素之一。随着市场经济的不断发展，企业的经营方式和财务状况发生了较大变化，原有的会计制度已经不能满足企业经营管理的需要，需要进行变革和更新。此外，全球化的发展趋势和经济的国际化程度提高，也推动了我国会计制度的变迁。

2. 社会因素

社会因素是会计制度变迁的另一个重要影响因素。随着社会发展和进步，人们对会计透明度、真实性的要求越来越高，要求会计制度更为完善和规范。此外，企业对社会责任的认识逐渐提高，需要通过完善的会计制度来提高财务透明度和履行社会责任。

3. 政策因素

政策也是会计制度变迁的一个重要影响因素。政府的政策调整和改革对会计制度的更新和改革也产生了影响。例如，国家对外开放政策的实施，需要与国际接轨的会计制度来实现企业在国际市场的竞争力。此外，政策的变化也会导致会计制度的更新和变革，以适应新政策的要求和变化。

二、我国会计制度变迁过程存在的挑战

（一）提高会计制度变革效率

我国会计制度变迁供给存在的问题之一是制度效率比较低。虽然我国会计制度已经经历了多次变迁，但是在实际应用中还存在着一些效率不高

的问题。

首先，市场变化和经济发展的需要对会计制度变迁提出了要求。尤其在经济转型升级和国际化竞争加剧的背景下，会计制度的滞后会对企业经营产生负面影响。其次，在会计制度变迁过程中，如果规定过于烦琐复杂，对于企业来说存在着一定的负担和成本。例如，会计准则的制定过程中，各方意见无法有效协调，导致准则内容的复杂性和不确定性。最后，应注意会计制度的变迁带来的落实挑战。尤其是在基层企业中，会计人员的素质参差不齐，缺乏对新制度的深入了解和应用。

针对以上问题，应该加快会计制度的变革和完善，提高变革的速度和力度，加强对会计从业人员的培训和管理，推进全国范围内的会计规范化建设，提高会计制度的执行效率和质量，为我国经济的发展提供坚实的会计保障。

（二）结构平衡以及制度完善性挑战

结构平衡和制度的完善性是我国会计制度变迁存在的两个主要挑战。具体表现如下：

1.结构平衡挑战

随着我国经济的不断发展和转型，会计制度变迁也不断进行。然而，由于各行各业的差异性和特殊性，新的会计制度不一定能够完全适应不同行业的需求，从而导致了结构失衡。例如，某些行业的规范性文件比较落后，无法与新制定的会计制度相匹配，这就会导致会计核算过程中的一些混乱和不准确。此外，不同行业之间的会计处理方式也存在差异，导致会计核算的统一性和准确性受到影响。

2.制度完善性挑战

由于制度变革的速度和力度难以保证，新的制度可能还存在不足或漏洞。此外，在制度制定时可能没有考虑某些方面的需求，也可能会导致制度缺失。

结构失衡和制度缺失都会对会计核算造成一定的影响。为了解决这些问题,政府需要在制定会计制度时,充分考虑不同行业的需求和实际情况,同时对制度进行及时修补和完善,从而提高会计核算的准确性和规范性。同时,企业也需要加强内部管理,防范不法分子利用制度缺陷操纵会计信息,保障企业自身的合法权益。

(三)制度实施机制挑战

随着我国市场经济的快速发展,会计制度的变迁也在不断推进。然而,在制度变迁过程中,会计制度的实施机制却可能存在一些问题,如监管机制不够健全、执法手段不够完善等。

首先,监管机制不够健全会导致监管机构因缺乏相应的权威和能力,对会计制度的实施和监管不够严格,使会计制度实施效果不佳。

其次,执法手段不够完善会导致在处理违规行为时,往往缺乏可操作性较强的执法手段,使监管难以到位,违规行为无法得到有效的打击和惩罚。

最后,会计制度变迁对会计从业人员的素质也提出了更高要求。会计从业人员对会计制度的理解和把握会影响会计制度实施效果。

会计制度实施机制是影响会计制度变迁效果的重要因素之一,必须通过完善监管机制、提高执法效率、加强从业人员素质等多方面努力,进一步提高会计制度实施效率和质量。

第三节 企业会计制度设计的基本内容

一、会计制度设计的含义

会计制度设计是指根据国家法律法规、会计准则及企业内部管理需求,制定适合企业实际情况的会计制度，规范企业会计核算活动，确保企业会计信息真实、准确、完整和规范化。会计制度设计是企业内部控制体系中的重要组成部分，具有重要意义和作用。

（一）会计制度设计的意义

1. 保证会计信息真实、准确、完整

会计制度设计是保证会计信息真实、准确、完整的前提。通过制定严格的会计制度，规范企业会计核算活动，确保会计信息的真实性、准确性和完整性，从而提高会计信息的质量，为企业管理提供准确、可靠的信息。

2. 规范企业内部管理

会计制度设计是规范企业内部管理的重要手段。通过制定合理、科学的会计制度，规范企业内部管理，确保企业各项业务活动的合法性、规范性和有效性，保障企业的经济利益和社会形象。

3. 提高会计核算效率

会计制度设计可以提高会计核算效率。制定适合企业实际情况的会计制度，可以减少会计核算工作的重复性和冗余性，提高会计核算效率，降低企业运营成本。

4. 遵循国家法律法规和会计准则

会计制度设计是企业遵循国家法律法规和会计准则的基础。制定符合国家法律法规和会计准则要求的会计制度，有利于企业合规经营，避免违法违规行为，为企业发展提供保障。

（二）会计制度设计的流程

会计制度设计的流程包括会计制度设计前的准备、制定会计制度、实施会计制度以及监督和修订会计制度四个步骤。

1. 会计制度设计前的准备

设计会计制度前，企业应该对自身的内外部环境进行分析，确定制度设计的目标和原则，为设计会计制度做好准备工作。主要包括以下四个方面：第一，审查会计核算基础。企业应该审查会计核算的基础，了解企业经济业务的种类、数量、范围和特点，为制定会计制度提供参考。第二，审查国家法律法规和会计准则。企业应该审查国家法律法规和会计准则，了解会计核算的法律依据和规范要求，确保设计的会计制度符合法律和准则的要求。第三，分析企业内部管理需求。企业应该分析自身的内部管理需求，确定会计核算所需要的信息和报表，以及核算过程中需要遵循的程序和标准。第四，了解外部环境。企业应该了解外部环境，包括经济、政策、市场等方面的情况，以及与企业有关的政府、监管机构和利益相关方的期望和要求。

2. 制定会计制度

在会计制度设计的基础上，企业应该根据内部管理需求和外部环境的要求，设计适合自身的会计制度。主要包括以下三个方面：第一，确定会计政策和核算方法。企业应该确定适合自身的会计政策和核算方法，包括计价基础、计算方法、核算对象和核算周期等方面。第二，规定会计制度的组成和内容。企业应该规定会计制度的组成和内容，包括会计政策、会计科目、会计核算流程、会计报表和财务报告等方面的内容。第三，明确会计制度的实施机构和职责。企业应该明确会计制度的实施机构和职责，包括会计部门、审计机构和内部控制部门等方面的职责。

3. 实施会计制度

制定好会计制度后，企业应该确保会计制度的实施和落实。主要包括以下三个方面：第一，建立内部控制机制。企业应该建立内部控制机制，确保会计制度的实施和落实，防止会计失误和会计违法行为。第二，加强人员培训和管理。企业应该加强对会计人员的培训和管理，提高会计人员的专业素质和法律意识，确保会计核算的准确性和规范性。第三，完善信息系统。企业应该完善信息系统，使之与会计制度相适应，提高会计信息的质量和效率。

4.监督和修订会计制度

在会计制度实施的过程中,企业应该对会计制度进行监督和修订,确保会计制度与外部环境的变化和内部管理需求的变化相适应。主要包括以下四个方面:第一,制定监督制度。企业应该制定监督制度,对会计制度的实施情况进行监督和评估,及时发现和解决问题。第二,及时修订会计制度。企业应该根据外部环境的变化和内部管理需求的变化,及时修订会计制度,使之与时俱进。第三,注重内部管理和控制。企业应该注重内部管理和控制,加强内部审计和财务管理,防止会计违法行为的发生,确保会计核算的准确性和规范性。第四,加强对外宣传。企业应该加强对外宣传,让外部利益相关者了解企业的会计制度,提高企业的公信力和形象。

会计制度设计是企业会计核算工作的基础,是企业实现规范化、科学化管理的必要条件。在制定会计制度时,企业应该充分考虑内外部环境因素,根据实际情况制定合理的制度,并确保会计制度的实施和落实;及时监督和修订会计制度,保证会计核算的准确性和规范性。

二、会计制度设计应达到的目标

会计制度设计的目的是会计制度设计的起点,一项科学的会计制度设计应达到以下目标:

(一)确保提供符合要求的会计信息

会计工作的基本职能是提供有关企业财务状况、经营业绩的信息。不同的会计信息使用者的利益不同,关心企业的角度不同,因此企业设计的会计制度应以会计准则为依据,确保提供相关、及时、可靠的信息以满足不同使用者的要求。

(二)财务管理的目标体现

企业财务管理目标是指通过筹资、投资、分配等活动以达到企业价值的最大化。企业的会计制度应能在组织上保证各项财务活动的实施,在会计核算上保证各项财务活动所需的信息,在会计控制过程中搞好责任控制、定额控制。

(三)保证会计控制健全有序

会计控制是企业内部控制的组成部分,它包括会计人员岗位控制、资金定额控制、财产保全控制、会计资料控制。企业会计制度使这些会计控制方法合理、有效。

三、会计制度设计应遵循的原则

为了使企业的会计制度设计达到以上目标,在会计制度设计过程中,应遵循以下原则:

(一)遵守会计法及有关法律法规

遵守会计法及有关法律法规是会计制度设计应遵循的重要原则。会计法规定了会计核算的基本原则、会计制度的建立、会计信息的披露和审计监督等方面的规定。同时,还有很多相关的法律法规,如公司法、税法、证券法等,都与会计核算有关,对企业会计制度的设计具有重要的指导和规范作用。

遵守会计法及有关法律法规的原则,要求企业制定会计制度时必须符合法律规定,并严格遵守。具体包括:

合法合规。企业应当在法律、法规和规章的框架内开展会计核算工作,确保会计制度的合法性和合规性,避免因会计违法行为引起法律风险。

严格遵循会计法律法规。企业应当严格遵循会计法律法规,制定符合法律法规要求的会计制度,确保会计信息的真实性、准确性和完整性,防止出现虚假账目和弄虚作假等行为。

全面考虑法律法规的变化。随着法律法规的变化,企业应当及时调整和修订会计制度,确保其符合新的法律法规要求,保证会计核算的顺利进行。

依法开展审计。会计制度设计中应当充分考虑审计的要求，确保审计工作的顺利进行，避免因审计问题而引起的法律纠纷。

遵守会计法及有关财经法律的原则，可以帮助企业确立正确的会计核算观念，加强会计核算的规范性和透明度，为企业的健康发展提供坚实的法律基础和保障。

（二）遵守企业基本会计准则和企业具体的会计准则

在会计制度设计中，遵守企业基本会计准则和企业具体的会计准则是非常重要的原则。企业基本会计准则是会计核算的基础性规范，是企业会计制度设计的基础和依据。企业具体的会计准则则是根据企业经济业务特点和行业特点制定的，是企业会计核算的具体规范。

遵守企业基本会计准则的原则主要包括以下四个方面：第一，真实性原则。企业应当按照真实性原则对经济业务进行核算，确保会计信息的真实性和可靠性。第二，连续性原则。企业应当按照连续性原则进行会计核算，确保会计信息的连续性和完整性。第三，货币计量原则。企业应当按照货币计量原则进行会计核算，确保会计信息的可比性。第四，谨慎原则。企业应当按照谨慎原则进行会计核算，确保会计信息的准确性和规范性。

遵守企业具体的会计准则的原则主要包括以下三个方面：第一，行业特点原则。企业应当根据自身所属行业的特点，制定具体的会计准则。第二，企业特点原则。企业应当根据自身的经济业务特点，制定具体的会计准则。第三，可操作性原则。企业应当制定可操作的会计准则，确保会计信息的准确性和规范性。

遵守企业基本会计准则和企业具体的会计准则是制定会计制度设计的重要原则。这些原则能够确保会计核算的准确性、规范性和可比性，促进企业的经济发展和管理。

（三）效用最大化原则

一是企业设计的会计制度，在指导会计工作时应能保证质量和提高效益，会计制度的内容应本着既详又精的原则，应该详尽到能具体规范企业会计活动。但详细不等于烦琐，会计制度对会计活动的规范应力求精辟。二是在会计制度设计时应考虑设计成本，追求效益，对于处理经常发生的经济业务和作用不大的会计制度，不必一味强求详细。

（四）遵守"过程"的原则

企业会计制度设计开始于企业开业之前，终止于企业停业之时，在企业存续期间，会计制度设计应是一个不断发展、不断完善的过程。之所以把会计制度设计视为一个连续、求精的过程，理由有三点：一是国家经济体制和宏观政策的调整，二是企业经营业务的调整，三是会计人员业务水平的不断提高。

（五）符合会计信息质量特征

符合会计信息质量特征是会计制度设计的一个重要原则。会计信息质量特征是指会计信息应具备的可靠性、真实性、完整性、及时性、可比性等特征。

会计制度设计应确保会计信息的可靠性，即所记录的会计数据应该是真实可靠的，不应存在虚假记载或误导性信息。可靠性包括两个方面，一是反映实质性经济交易，二是反映经济交易的所有重要方面。会计制度应该规定会计核算所涉及的内容和范围，明确会计数据来源和处理方式，保证会计信息的可靠性。

会计制度设计应确保会计信息的真实性，即所记录的会计数据应该反映实际情况。真实性是指会计信息应该真实地反映企业的经济活动和财务状况，不应掩盖实际情况或歪曲事实。

会计制度设计应确保会计信息的完整性，即所记录的会计数据应该全面、完整地反映企业的经济活动和财务状况。完整性包括两个方面，一是所有经济交易都应该记录在账簿中，二是所有交易的后续处理都应该记录在账簿中。

会计制度设计应确保会计信息的及时性，即会计信息应该及时反映企业的经济活动和财务状况。及时性是指会计信息应该在经济交易发生后尽快记录在账簿中，以便及时反映企业的经营情况。

会计制度设计应确保会计信息的可比性，即会计信息应该能够进行横向比较和纵向比较。可比性是指会计信息应该使用相同的会计政策和会计估计方法，以便进行跨期和跨企业的比较。

会计制度设计应遵循符合会计信息质量特征的原则，确保会计信息的可靠性、真实性、完整性、及时性和可比性。

（六）体现内部控制的要求

内部控制是保障企业财务信息真实、准确、完整和规范的一种重要手段。因此，制定会计制度时应遵循体现内部控制要求的原则，以确保会计核算的准确性和规范性。以下是制定会计制度时应遵循的体现内部控制要求的原则：

1. 合理性原则

合理性原则是指会计制度的设计必须合理，能够适应企业的经营特点和会计信息需求，确保会计核算的准确性和规范性。例如，制定会计核算流程和账务处理方式时，应当结合企业实际情况，考虑内部控制和风险控制的要求，以确保会计信息的真实性和可靠性。

2. 独立性原则

独立性原则是指会计制度的设计必须独立于企业其他部门，以确保会计信息的独立性和客观性。例如，在制定会计核算流程和账务处理方式时，应当确保会计部门的独立性，避免其他部门对会计核算的干预和影响。

3. 记账原则

记账原则是指会计制度的设计必须符合会计准则和法律法规的规定，确保会计核算的准确性和规范性。例如，会计制度应当明确会计准则的适用范围、会计要素的确认和计量方法等，确保会计信息的质量和可比性。

4. 审计原则

审计原则是指会计制度的设计必须考虑审计的要求，以确保会计信息的真实性和可靠性。例如，在制订会计核算流程和账务处理方式时，应当考虑审计的需求，确保会计信息的审计可行性和审计效果。

制定会计制度时应当遵循内部控制的要求，确保会计信息的真实性、准确性、完整性和规范性。同时，会计制度的设计应当考虑到企业的实际情况和内外部环境的变化，不断完善和改进，以适应企业经营管理的需求。

四、企业会计制度设计的分析

企业的会计制度设计决定了企业会计工作，甚至影响企业的健康发展和生存。如果企业不研究自身所处情况，不考虑自身的组织结构、人员配置及市场地位等，更重要的是不考虑未来的发展方向，在会计制度设计方面，只是单纯地照搬其他企业的会计制度，不能够从实际出发，这将造成严重后果。企业有必要设计合理、完整的企业会计制度，以适应行业的快速发展。

（一）会计机构及岗位设置

企业会计制度设计中的一个重要方面是会计机构及岗位设置。会计机构是指企业内部负责会计工作的组织机构，其设置要合理，职责分工明确。岗位设置是指在会计机构中具体的职位和职责，应根据企业的规模和业务特点合理设置，确保会计工作能够顺利开展。以下是企业会计制度设计中会计机构及岗位设置的要点：

1. 会计机构的设置

企业的会计机构应根据其规模和业务特点进行设置。一般来说，较小规模的企业可以设置一名会计负责会计工作；而较大规模的企业则需要设置会计部门或财务部门，由多名会计人员负责会计工作。

在设置会计机构时，还应考虑会计部门与其他部门的协作关系，以保证会计工作的顺利开展。例如，会计部门应与采购部门、销售部门等部门建立联系，及时获得业务数据，保证会计核算的准确性。

2. 岗位设置

企业的会计机构中应设置不同的岗位，根据各岗位的职责进行合理分工和协作。以下是企业会计机构中常见的岗位：

会计主管：负责制订和实施会计制度，监督会计工作的开展。

会计：负责企业的日常会计工作，包括账务处理、报表编制等。

出纳：负责企业现金收付和银行存取款等工作。

财务分析师：负责企业财务分析和预测等工作。

成本会计师：负责企业成本核算和成本控制等工作。

税务会计师：负责企业税务筹划和税务申报等工作。

以上岗位设置仅供参考，企业应根据自身的情况进行具体设置，确保会计工作的顺利开展。

3. 职责分工

在会计机构中，各个岗位的职责应有明确的分工。例如，会计主管应制定和实施会计制度，监督会计工作的开展；会计应负责企业的日常会计工作，包括账务处理、报表编制等。在职责分工的基础上，还应建立相应的业务流程和控制机制，确保会计工作的准确性和规范性。

会计机构及岗位设置是企业会计制度设计的重要方面。它直接影响企业会计核算的准确性、规范性以及内部控制的有效性。一般来说，企业的会计机构应该设立专门的会计部门，负责企业的会计核算工作，其中会计人员应该具备一定的专业素质和经验。

在会计机构的设置上，应该考虑企业的规模、业务种类、业务范围和经营管理模式等因素。一般来说，企业可以按照以下设置方案进行设计：第一，设置会计主管岗位，负责企业会计核算的整体规划和管理；第二，设置会计核算岗位，负责企业会计核算的具体操作和账务处理；第三，设置会计监督岗位,负责企业会计核算的监督和检查工作;第四,设置财务管理岗位,负责企业的财务管理和资金监控工作;第五,设置税务管理岗位,负责企业的税务管理和税务筹划工作。

在具体的岗位设置上,还需要根据企业的实际情况进行调整和优化。例如,企业需要处理大量的流动资金时,可以设立专门的资金管理岗位,负责资金的收付和账务处理工作;需要进行外贸业务时,可以设立专门的外贸会计岗位,负责外币账户的核算和报表编制等工作。

会计机构及岗位设置是企业会计制度设计中非常重要的部分,必须根据企业的实际情况进行合理设计和调整,才能确保会计核算工作的准确性和规范性。

(二)会计科目设置

会计科目是会计制度中非常重要的方面,它是反映企业经济活动的基本单位,对于会计核算的准确性和规范性具有非常重要的作用。因此,在企业会计制度设计过程中,进行会计科目设置也是非常重要的环节。

1. 会计科目设置的目的和原则

会计科目设置的目的是反映企业经济活动的本质和规律,为会计核算提供正确、全面、真实的信息。在设置会计科目时,需要遵循以下原则:第一,合理性原则。会计科目应该合理、恰当地反映企业的经济活动。第二,科目独立原则。每个会计科目应该是独立的,不应该有重叠、遗漏等情况。第三,分类明确原则。会计科目应该分类明确、层次分明,以便于会计核算和分析。第四,连续性原则。会计科目应该具有连续性,不应该存在跳号或者漏号等情况。

2. 会计科目设置的步骤

在进行会计科目设置时,需要按照以下步骤进行:第一,确定会计核算基础。企业应该确定会计核算的基础,包括经济业务的种类、数量、范围和特点。第二,确定会计科目的分类原则。根据会计核算基础,确定会计科目的分类原则，一般按照资产、负债、所有者权益、收入和费用等分类。第三，制定会计科目表。根据会计核算基础和分类原则，制定会计科目表，包括科目名称、科目编码、科目属性、余额方向等。第四，审核和修改：制定会计科目表后，需要进行审核和修改，确保科目设置符合会计核算基础和分类原则。

3. 会计科目设置的注意事项

在进行会计科目设置时，需要注意以下事项：第一，会计科目名称应该简明扼要，易于理解和记忆；第二，会计科目编码应该规范、系统，避免重复和漏编；第三，会计科目余额方向应该根据会计核算基础和分类原则确定；第四，会计科目设置应该与会计准则和法律法规相符合。

进行会计科目设置是企业会计制度设计中非常重要的环节，合理、科学地设置会计科目对于企业会计核算的准确性和规范性具有重要的作用。

（三）会计账户设置

会计账户是指记录会计核算信息的具体账户，是会计核算的重要组成部分。会计账户的设置直接关系会计核算的准确性和规范性。因此，在企业会计制度设计中，会计账户的设置应该遵循以下原则：

1. 明确划分

会计账户的设置应该按照不同的经济业务进行明确划分，确保每个会计账户的记录内容清晰明确，不会混淆。

2. 细化科目

会计账户应该细化科目，使会计核算更为准确和规范。例如，在货币资金方面，应该设置不同的账户来记录现金、银行存款等不同种类的资金。

3. 数量控制

会计账户的数量应该控制在一定范围内，不应该过多或过少。过多会增加会计核算的复杂度，过少会影响会计信息的准确性和规范性。

4. 统一性

会计账户的设置应该具有统一性，避免因不同部门、不同岗位之间的账户设置不同，造成会计信息不统一的情况。

5. 先进性

会计账户的设置应该具有一定的先进性和适应性，以满足企业经营管理的需求和发展变化。

会计账户的设置在企业会计制度设计中具有重要作用，必须合理设置，遵循以上原则，确保会计核算的准确性和规范性。

第三章
新时期我国财务会计概念框架构建

第一节 财务会计概念框架

一、财务会计概念框架的含义

(一)财务会计概念框架的概念

财务会计概念框架是一个指导财务会计信息体系构建的理论模型,它描述了财务会计所需的基本概念、原则、规则和标准。财务会计概念框架是一个普遍适用的模型,它为财务会计提供了一种透明、一致、可比和可理解的方法。

财务会计概念框架的主要目的是提供一个框架,帮助人们理解财务会计的基本概念和原则,使人们能够更好地使用财务会计信息作出决策。它规定了财务报表中应该包括哪些信息、如何计量和报告这些信息以及如何解释这些信息。

财务会计概念框架包括以下三个层次:

①目标层次:描述了财务报表的目标,即提供对企业财务状况和经营成果的信息,使利益相关者能够作出决策。

②基本概念层次:包括财务报表编制的基本概念和约定,如实体、会计期间、货币计量等。

③会计要素层次:会计要素是财务报表的基本组成部分,包括资产、负债、所有者权益、收入和费用。

财务会计概念框架的制定是为了规范财务会计信息的编制和使用,使得财务会计信息更加透明、可比和可理解。同时,它为企业的财务管理提供了基本的理论基础，为财务决策提供了参考依据。

（二）财务会计概念框架的发展历程

财务会计概念框架的发展历程可以分为以下三个阶段：

1. 早期的财务报告概念框架（1970年代初）

早期的财务报告概念框架主要是由美国会计协会（AAA）于1970年代初提出的，其核心思想是财务报告应该向利益相关者提供决策有用的信息，以帮助他们作出理性的经济决策。该概念框架强调财务报告应该提供关于企业财务状况、经营成果和现金流量的信息，以及一些与企业运营有关的附加信息。

2. 财务会计概念框架（1980年代）

在早期概念框架的基础上，国际会计准则委员会（IASC）于1989年发布了《财务会计概念框架》，该概念框架对财务报告的目标和内容进行了进一步的澄清和界定。该概念框架主要包括以下三个方面：第一，财务报告的目标是向利益相关者提供决策有用的信息；第二，财务报告的内容应该包括财务状况、经营成果和现金流量等方面的信息；第三，财务报告应该满足可比性、可理解性、可靠性和相关性等要求。

3. 财务报告概念框架（2010年代）

随着全球化和信息技术的快速发展，财务报告的内容和形式也在不断地变化和发展。因此，国际会计准则委员会于2010年发布了《财务报告概念框架》，该概念框架在早期概念框架和财务会计概念框架的基础上，更加强调了财务报告的目标和质量特征，明确了财务报告所要提供的信息类型和特征。

该概念框架主要包括以下八个方面：第一，财务报告的目标是提供有关企业财务状况、经营成果和现金流量的信息，帮助利益相关者作出经济决策；第二，财务报告应该满足可比性、可理解性、可靠性和相关性等要求；第三，财务报告应该包括财务状况、经营成果和现金流量三个方面的信息，并分别涵盖资产、负债、权益、收入、费用、利润、现金流量等内容；第四，财务报告应该按照时间顺序进行编制和呈现，即按照会计期间的顺序编制；第五，财务报告应该包括多个层次和细节，以反映不同利益相关者的需求；第六，财务报告应该根据会计准则和会计政策进行编制，以保证财务报告的准确性和一致性；第七，财务报告应该披露与企业财务状况、经营成果和现金流量相关的重要事项；第八，财务报告应该由企业管理层负责编制和审核，并由企业董事会或者监事会审批。

财务会计概念框架是财务会计的基础性框架，它为财务报告提供了清晰的目标和要求，并规定了财务报告的内容、格式和编制方法等。它的建立和完善对于提高财务报告的质量和规范性，保护投资者和利益相关者的合法权益，推动企业持续健康发展具有重要的意义。

二、财务会计概念框架的国际趋同

经济一体化以及国际资本市场的持续发展，迫切需要会计信息可比性的提高，会计准则国际趋同成为必然趋势。"会计趋同"这一概念由国际会计准则委员会首先提出，这是一种全球趋势，是人为主观地将会计进行协调统一化的过程。当然会计趋同并不是要求各国的会计准则统一化，而是允许求大同存小异，这样更能满足各国的国情需要，更符合各国的需求。

经济全球化的背景下，财务会计概念框架的国际趋同是大势所趋，实现国际会计趋同化，可以有效地实现全球资源的有效配置，能够进一步提升跨国公司的整体管理水平，同时有利于全球化经济市场的稳定运行与发展，促进国际贸易的开展。为了保证国际会计准则具有趋同性，可以为大多数国家所接受，需要构建一套内在一致的概念框架体系。

财务会计概念框架的国际趋同符合经济一体化的需求。随着国际的经济往来合作的日益频繁以及资本流动速度的加快，经济全球化呈现飞速发展的趋势。进入21世纪，各国在世界经济中所处的地位发生了剧烈变化，金融深化、全球化趋势日渐增强，经济区域化和一体化发展迅猛，全球资本市场呈现出前所未有的活跃状态，国际金融市场的规模空前宏大。在这样的国际金融背景下，客观上需要各国间建立起趋同一致的财务会计框架，这有利于消除各国间会计语言不通的障碍，为国与国间金融活动的开展减少曲折，从而促进各国经济的交流，降低资本成本，推动全球经济一体化的发展。

财务会计概念框架的国际趋同受国际贸易的因素的影响。随着各国间国际贸易的不断增长，伴随而来的贸易纠纷也层出不穷。核定及解决贸易争端中，需要用会计对成本进行核算，因此会计准则、制度从客观上要求必须有一套统一的规范；相反，假如使用不同的会计准则核算成本，就会不利于贸易争端的解声。现如今，各国都在大力发展对外投资的机会，以至于各国对于国际财务会计概念框架趋同性的要求也变得格外迫切。

财务会计概念框架的国际趋同是跨国公司发展的推动。全球一体化推动着跨国公司的发展，跨国公司的经济业务往往涉及多个国家及地区，为了能够反映世界范围内的经营成果和财务情况，跨国公司必须编制合并报表，然而由于各国会计准则的差异性，使得汇总这些数据变得极其困难，影响公司的经营效率、增加运作成本。跨国公司具有强大的经济基础，能够起到推动国际财务会计概念框架趋同发展的作用。

第二节　财务会计概念框架的功能

一、财务会计概念框架的作用

在经济全球化下，迫切需要构建内在一致、规范统一的财务会计概念框架，可以看得出，它在会计理论界具有极其重要的地位，其作用表现在以下四个方面：

（一）为评估、修订和制定会计准则提供理论基础和指导意见

财务会计概念框架的作用不仅规范了财务报告的编制和披露，还为评估、修订和制定会计准则提供了理论基础和指导意见。

首先，财务会计概念框架为制定会计准则提供了理论基础和指导意见。财务会计概念框架提供了会计核算的基本概念、原则和规则，为会计准则的制定提供了理论基础和指导意见。例如，在制定收入确认的会计准则时，可以参考财务会计概念框架中的收入定义、确认时间和确认金额等要素，制定出具有可比性、可理解性、可靠性和相关性等要求的收入确认准则。

其次，财务会计概念框架为评估会计准则的质量提供了依据。财务会计概念框架提供了会计信息质量的特征，如可比性、可理解性、可靠性和相关性等要求，这些特征可以作为评估会计准则质量的依据。例如，在评估一项新的会计准则时，可以根据财务会计概念框架提供的质量要求，评估新的会计准则是否能够提供具有可比性、可理解性、可靠性和相关性等要求的会计信息。

最后，财务会计概念框架为修订会计准则提供了参考。财务会计概念框架可以作为修订会计准则的参考，通过对财务会计概念框架的理解和应用，可以修订出更加符合现实需求的会计准则。例如，在修订财务报告的披露要求时，可以参考财务会计概念框架中的披露要求，修订出更加具有可比性、可理解性、可靠性和相关性等要求的披露要求。

通过统一的概念框架，会计准则制定者可以更加清晰地了解财务报告的目标、用户需求、财务报告内容和质量特征等，从而更加准确地制定出符合需要的会计准则，避免准则制定中的主观性和不确定性，提高准则制定效率和质量。同时，统一的概念框架也可以为会计准则的修订提供指导，避免准则修订的过程中出现混乱或者偏差，提高准则的连贯性和持续性。

（二）节约会计准则的制定成本以及避免实施费用的浪费

在制定会计准则的过程中，需要进行大量的调研、分析和讨论，会计准则制定者需要投入大量的时间和精力，因此准则制定的成本非常高。而统一的概念框架可以为会计准则制定者提供统一的基础和共同的理论框架，使准则制定者可以更加迅速地理解和掌握相关概念和规则，从而减少准则制定成本。此外，统一的概念框架还可以避免会计准则实施时出现不必要的费用和浪费，例如因为准则实施的不连贯性和不一致性而导致的重新实施、修订和改进等额外成本。

（三）有助于会计使用者理解财务报告等信息会计准则

随着会计实务的变化而处在不断更新修订中。对于会计使用者尤其是非专业人士，如果不能及时发现会计实务中的变化，就会导致工作效率大大降低。而一旦财务会计概念框架发挥作用，就能够在保证概念基础和内部逻辑一致的基础上，指导使用者对财务报告中所列报与披露的信息有更深刻的理解。通过学习科学有效的财务会计概念框架，能够使会计使用者更好地理解财务报表中各项指标和相关信息的含义及局限性等，帮助使用者更充分地理解财务报表背后深层的动向和信息，从而作出更准确的经营决策。

（四）有利于抵制利益集团在准则制定中施加的压力

会计准则在制定的过程中常常会受到来自各方利益集团的干预，各方有权势的利益集团都希望通过自己的施压使会计准则的制定更能维护自身的利益。因而财务会计概念框架作为会计准则制定的准绳，能够保证制定的准则更为公正且符合大众的利益，有效地抵制来自外部的政治压力，从而促成严密的会计准则体系。

（五）促进国际会计准则的统一

财务会计概念框架作为全球财务报告的理论基础，能够促进国际会计准则的统一。由于不同国家和地区的会计制度和规定存在较大的差异，因此国际财务报告的标准化一直是国际社会所关注的问题。财务会计概念框架可以作为国际会计准则的统一基础,为各国会计制度和规定的协调提供指导。

随着国际贸易和跨国投资的增加,各国之间的经济联系越来越密切。为了保证财务报告的准确性和可比性,需要制定统一的国际会计准则。财务会计概念框架可以为国际会计准则提供基础和指导,促进各国会计制度和规定的协调,从而实现国际财务报告的标准化。

(六)提高财务报告的质量和可比性

财务会计概念框架作为财务报告的理论基础和指导方针,可以提高财务报告的质量和可比性。财务会计概念框架的制定可以促使财务报告中的信息更加准确、全面、可靠、可比,从而提高财务报告的质量。概念框架的标准化可以使得企业之间的财务报告更加可比,方便用户对企业之间的财务表现进行比较分析。此外,财务会计概念框架还可以促进全球财务报告的一致性,使得全球范围内的财务报告更具可比性和可理解性。

(七)指导企业财务管理和决策

财务会计概念框架还可以为企业提供准确、可靠的财务信息,从而指导企业财务管理和决策。企业可以通过财务报告了解自身的经济状况和经营成果,制定合理的经营策略,优化财务结构,提高经济效益。此外,投资者也可以通过财务报告了解企业的经济状况和经营成果,从而作出投资决策。

(八)促进国际经济合作和贸易

财务会计概念框架还可以促进国际经济合作和贸易。随着全球化的发展,各国之间的经济联系日益紧密,财务信息的比较和分析成为企业和投资者跨越国界进行投资和交易的必要条件。财务会计概念框架可以为各国之间的财务信息比较和分析提供一个共同的理论基础和指导方针,从而促进国际经济合作和贸易的发展。

二、财务会计概念框架的必要性

新经济环境形势与实务发展迅猛,使得传统会计理论概念的更新远远跟不上其发展的脚步,如市场创新中的融资租赁、售后回租、产品融资及物价变动影响、国际结算、衍生金融工具等新的会计问题,都是传统会计理论概念无法解决的,因此迫切需要一个适应新经济环境的会计方法和新会计准则对市场环境加以指导支撑。从世界经济发展趋势来看,构建符合国情的财务会计概念框架已经成为国际会计协调化的整体方向。而在当今市场经济全球化快速发展的背景下,各国之间的经济交流日益密切。财务会计作为市场经济理论的重要部分,在经济全球化快速发展的今天起到了至关重要的作用。全球化带动的货币资本市场需要贷款人和筹资者能够提供在国与国之间可比的相关会计信息,这也客观地体现了各国对于构建一个既适应当今国际经济形势,又符合自身国情的理论体系的需求。财务会计概念框架即是这个需求的体现。

(一)财务会计概念框架是响应会计国际协调与趋势的现实选择

随着知识经济的飞速发展以及资本市场全球化进程的不断推进,国际经济交流更为密切,财务会计作为各国经济交流语言客观上要求必须趋于通用化,要求各国以更积极的姿态参与国际的经济交流与合作。各国的会计准则务必建立在概念一致的基础上,使各国的会计准则能够相互融通。国外大多数发达国家的会计理论研究以概念框架为中心和前提,当前环境下各国应当借鉴发达国家的成功经验,结合自身的国情,构建一套既符合国际经济大环境、与国际协调又具有自身特色的财务会计概念框架,这也是世界经济一体化的必然要求,其重要性也日渐突出。

(二)财务会计概念框架是会计理论及会计实务的要求

为顺应会计准则国际协调化进行的趋势,制定以大致相同的概念基础为指导的会计准则成为国际经济顺畅交流的必要条件。以一套完善的财务会计概念框架作为会计理论指导会计准则的制定,使不同时期制定的会计准则能够在概念框架的约束下保持一贯性的特点，从而保障财务会计信息的可靠性及真实性；概念框架的作用还在于对已制定的会计准则的质量进行评估，规范当前的经济业务中的会计处理。基于会计理论总是滞后于会计实务的发展，不可能解决所有的问题的特点，概念框架凭借其理论性及完整性的特点，可以为当前无法用会计准则解决的新会计现象和问题提供思路和方向，从而起到有效的规范作用。

三、我国财务会计概念框架的现状

（一）我国现阶段以基本准则发挥财务会计概念框架作用的原因

1. 基本准则与国外财务会计概念框架具有相同的作用

财务会计概念框架作为制定会计准则的基础，被称为制定准则的准则，在会计理论范畴里地位极其重要，对现有的会计准则的制定和修订起到统筹的作用，同时在实务中当遇到新的会计问题时，可以作为指南提供解决问题的方向和途径。我国的会计准则由基本准则和具体准则组成，基本准则用于指导、评价具体准则的发展，具体准则是以基本准则为依据制定的。同时当出现新的以及特殊的会计问题时，也是以基本准则作为指南，针对各种经济业务作出具体的规定。

由此可见，我国的基本准则和财务会计框架的作用是一致的，虽然基本准则不能替代概念框架，但是在现阶段，会计准则发挥财务会计概念框架的作用对各种会计问题进行指导、评估和修订。

2. 基本准则与国际财务会计概念框架体系基本一致

财务会计概念框架是由一系列用于解释财务会计的基本概念所组成内在一致的理论体系，这个体系由财务报告的目标和与之相关联的其他基本概念构成。纵观世界主要发达国家的财务会计概念框架，其内容中都包含了财务报告的目标、财务信息的质量要求、会计要素、会计确认和计量。上述财务会计概念框架的主要内容在基本准则的各个章节中都得到了全面细致的展现。

3. 满足现阶段需求

我国的会计准则一直在加强国际化的趋同，但是现阶段在处理会计问题时往往会受到我国会计环境、文化的影响。会计准则在不断趋同的国际化发展中仍保持了自己的中国特色。

（二）基本准则的完善

多年来，全球会计理论和实务不断发展推动着我国会计准则体系的不断完善。但是随着经济全球化的突飞发展，我国经济水平的日益提高，基本准则需要与时俱进。

1. 明确制定财务报告目标

长久以来，对于财务会计概念框架的财务报告的目标的讨论，一直存在两个观点之争，即"决策有用观"和"受托责任观"。自从1950年美国会计界开始出现以决策有用性作为财务报告的目标以来，更多的国家开始选择采用决策有用观，以其作为财务报告的目标逐渐成为主流。2010年国际会计准则理事会（IASB）和美国财务会计准则委员会（FASB）共同发布的概念框架中指出企业财务报告的目标是提供给报告主体的、协助现实的和潜在的投资者、贷款人和其他债权人作出合理决策的财务信息，并明确了所提供的信息应该包括企业经济资源，现金变动的情况，偿付债务的能力，盈利能力，受托责任履行情况等各个方面。坚持以决策有用性作为财务报告的唯一目标，从那之后，决策有用观一直作为主流观点被国际准则采纳。

直到2015年IASB在《财务报告概念框架（征求意见稿）》关于财务报告的目标的讨论中，突出了"提供管理层受托责任履行情况的信息"的重要性，受托责任观再次被提到与决策有用观相同的地位。会计准则在具体规定企业应该提供怎样的信息，详细规定信息的用途是什么。财务报告的目标只有得到合理确定，才能够指导准则的制定并且起到评价准则的作用。

如果制定的财务报告目标过于含混、无论对于会计理论抑或是会计实践都难以起到指导的作用。

2. 财务信息质量特征应具有理解性

我国的会计准则虽然吸纳了国外先进的会计理论和实务经验，但是在形式上应更具体，让不具有相当专业知识积累的使用者也能正常理解，从而使理解性大大提升。

3. 完善对报告主体的论述

企业会计在工业经济时代仅需要核算企业的经济活动，然后将信息提供给有关方，因而那时的会计主体是很明确的。但随着市场经济的持续发展，企业作为会计主体的形态变得越来越模糊，各种复杂的情况陆续涌现出来，比如：母公司和子公司，关联方企业、合资企业和联营企业。

财务报告作为特定主体的财务报告，在编制报告时首先要明确报告主体。没有定义报告主体，对于财务报告对象的选择就会变得很随意，这样会对实现财务报告目标的产生不利的影响。

4. 明确资产、负债要素定义

会计理论与会计实务是通过会计要素连接起来的，会计报表是通过不同的会计要素组合起来的，因而会计要素在会计理论中占据重要的地位。合理、妥当地设置会计要素对财务报告目标的实现具有积极的作用。会计要素主要受会计环境、会计对象、会计目标，以及会计假设的影响。

5. 具有规范性的会计确认标准

会计确认标准是对进行会计要素确认时，列出的规范性要求。会计确认作为会计的核心，应该成为财务会计概念框架明确的重要内容。FASB以及IASB都对会计确认做出了明确的、严格的规定。而我国会计准则对会计确认有明确的定义是十分必要的。

第三节　财务会计概念框架的构建

一、财务会计概念框架构建的核心内容：收益—成本研究

我国逐渐进入经济发展的新时期，在这一时期，受到国内和国际经济贸易的影响，相关的财务会计工作在开展的过程中需要具备更高的执行力，合理地进行国际交易，不断地收集相应的财务信息，制定具体的财务会计准则，实现财务会计概念框架的合理构建，明确其经济性，从而更好地推动我国经济的发展。

财务会计概念框架的构建是会计学领域的一项重要研究工作，对于规范会计准则和提高财务报告的质量具有重要意义。其中，收益—成本研究是构建财务会计概念框架的核心内容之一，其主要目的是确定企业的财务报告应该如何反映企业经营业绩的真实情况。

收益—成本研究是基于会计信息的使用者对财务报告的需求，分析企业业绩的内部机制，通过收益和成本的研究，揭示企业的经营活动对财务报告的影响，构建财务会计概念框架，使其符合经济现实和会计学的理论要求。因此，收益—成本研究对于提高会计信息的质量和有效性，推动会计制度和会计准则的发展具有重要意义。

收益—成本研究的核心内容包括以下三个方面：

（一）企业经营活动的本质及其对财务报告的影响

企业的经营活动是指为创造经济利益而进行的各项经济活动，包括销售产品、提供服务、采购原材料、支付劳动力和租赁设备等。企业的经营

活动会对财务报告产生影响，因此需要对企业经营活动的本质进行深入研究，以确定其对财务报告的影响方式和程度。

（二）财务报告的用户和使用者对企业业绩的需求

财务报告的用户和使用者对企业业绩有不同的需求，其中投资者和管理者对企业业绩的需求比较明显。投资者需要了解企业的收益情况和成本情况，以便对投资作出决策；管理者需要了解企业的经营状况，以便进行经营管理。因此，需要对不同的财务报告用户和使用者的需求进行深入研究，以确定财务报告的基本内容和形式。

（三）财务报告内容和形式的确定

在确定财务报告的内容和形式时，需要考虑企业经营活动的本质、财务报告的用户和使用者对企业业绩的需求以及财务报告的基本原则和假设。具体内容包括以下三个方面：第一，财务报告的基本内容。财务报告的基本内容包括资产、负债、所有者权益、收入、费用和利润等。其中，资产、负债和所有者权益是财务报告的基本要素，收入、费用和利润则是反映企业经营活动的结果和效益的重要指标。第二，财务报告的形式。财务报告的形式包括资产负债表、利润表、现金流量表和股东权益变动表等。其中，资产负债表反映企业的财务状况，利润表反映企业的经营成果，现金流量表反映企业的现金流量状况，股东权益变动表反映企业的所有者权益变动情况。第三，财务报告的基本原则和假设。财务报告的基本原则和假设包括会计主体、会计期间、会计货币、历史成本原则、货币计量原则、实质重于形式原则、持续经营原则、业务单一性原则和期末披露原则等。这些原则和假设是财务报告的基础，对财务报告的内容和形式都有重要的影响。

通过对企业经营活动的本质、财务报告用户和使用者的需求以及财务报告的基本原则和假设的深入研究，可以为构建财务会计概念框架提供理论基础和指导意见，也可以为制定会计准则和编制财务报告提供参考和指导。

二、财务会计概念框架下的会计要素

财务会计概念框架对会计要素的定义和分类具有重要的指导作用，它规定了会计要素的基本特征和分类标准，是制定和修订会计准则的理论基础。会计要素包括：资产、负债、所有者权益、收入和费用。这些会计要素在财务会计中具有重要的作用，可以帮助企业正确反映其财务状况和经营成果。

目前，我国会计准则对会计要素的定义和分类已经比较清晰明确，具体如下：

（一）资产

资产是企业过去的交易或事项形成的、由企业拥有或者控制的、预期会给企业带来经济利益的资源。资产分为流动资产和非流动资产两类，流动资产是指企业在正常经营过程中可以转化为现金或其他资产的资产，如现金、应收账款、存货等；非流动资产是指企业长期持有的、不能在一年内转化为现金或其他资产的资产，如固定资产、无形资产、投资性房地产等。

（二）负债

负债是企业过去的交易或事项形成的、预期会导致经济利益流出企业的现实义务，即企业需要偿还的债务或责任。负债分为流动负债和非流动负债两类，流动负债是指企业在正常经营过程中需要在一年内偿还的债务，如应付账款、短期借款等；非流动负债是指企业在一年以上需要偿还的债务或责任，如长期借款、应付债券等。

（三）所有者权益

所有者权益是企业资产扣除负债后由所有者享有的剩余权益，包括股东权益和其他所有者权益。股东权益是指股东对企业的权益部分，包括股本和资本公积等；其他所有者权益是指企业所有者以外的其他人对企业的权益部分，如职工福利基金、未分配利润等。

（四）收入

收入是企业在日常活动中形成的、会导致所有者权益增加的、与所有者投入资本无关的经济利益总流入。包括销售商品、提供劳务、出租资产等形式所获得的经济利益。

（五）费用

费用是企业在日常活动中发生的、会导致所有者权益减少的、与向所有者分配利润无关的经济利益的总流出。我国会计准则将费用分为销售费用、管理费用和财务费用三类，其中销售费用是指销售商品或提供劳务所发生的支出，如销售折扣、广告费等；管理费用是指企业管理活动所发生的支出，如薪酬、办公费等；财务费用是指企业融资活动所发生的支出，如利息费用、手续费等。

（六）利润

利润是企业在一定会计期间的经营成果。利润包括收入减去费用后的净额、直接计入当期利润的利得和损失等。

我国会计要素的设置基本符合财务会计概念框架的要求，有利于保证财务报告的准确性和可比性。同时，随着我国经济的不断发展，会计要素的设置也需要不断完善和改进，以适应经济形势的变化。

三、财务会计概念框架中计量属性的运用

目前，财务会计概念框架已经成为财务会计理论的核心内容。许多西方发达国家都非常重视对财务会计概念框架的研究，并已纷纷建立起各自的概念框架体系。

（一）各计量属性的定义

在财务会计概念框架中，计量属性是指用来确定会计要素价值的基础和方法，主要包括以下五种：

1. 历史成本

历史成本是指企业在获取或建立某项资产或负债时所付出的成本或者在每期财务报告中以当时购入或建立时所付出的价格进行计量。历史成本是最常用的计量属性,其优点是稳定可靠,计量结果准确。但是,历史成本忽略了通货膨胀、资产贬值等因素的影响,不能反映资产的真实价值。

2. 可变现净值

可变现净值是指企业根据市场价格或其他能够获取到的市场信息,对资产进行的估值计量。可变现净值的优点是能够反映资产的真实价值,但其缺点是计量结果可能存在不确定性。

3. 公允价值

公允价值是指在公平交易中,交易双方自愿进行资产交换或债务清偿的金额。公允价值的优点是计量结果能反映资产的真实价值,但其缺点是公允价值不易确定,计算复杂。

4. 现值

现值是指用现有的或者未来的现金流入和现金流出来计算资产或负债的价值,包括净现值和内部收益率两种计算方法。现值的优点是能够反映资产或负债对未来现金流量的贡献,但其缺点是计算方法复杂,需要估计多个未来现金流入和现金流出的数值。

5. 重置成本

重置成本是指按照现实的市场价格购买目前所持有的某项资产所需支付的费用。其特点是从购置的角度采用现时的价格计量。

(二)各计量属性在概念框架及准则中存在的矛盾及问题

在财务会计概念框架中,计量属性是对财务报表中各项经济事项进行计量的基础,但各计量属性之间存在着矛盾和问题。

1. 成本计量属性与公允价值计量属性的矛盾

在财务会计概念框架中,成本计量属性和公允价值计量属性是两种主要的计量属性。成本计量属性是指用企业购买或生产资产时所发生的成本作为资产的计量基础；而公允价值计量属性是指用市场上相同或相似资产的价格作为资产的计量基础。成本计量属性的优点是计量结果稳定可靠，符合企业实际情况，但不利于反映资产的真实价值；公允价值计量属性的优点是能够反映资产的真实价值，但计量结果受市场波动影响较大。因此，如何在两种计量属性之间进行权衡和折中，是亟待解决的问题。

2.实现收益计量属性的具体操作问题

在财务会计概念框架中，实现收益计量属性是指企业的收益应该在与其实现有关的经济活动发生时计入财务报表。但实现收益计量属性的具体操作问题比较复杂，需要考虑多种因素，如收益的确认时机、收益的计量方法等。例如，对于长期工程项目，如何确定收益的实现时机、如何计量收益等都是需要解决的问题。

3.时点计量属性与区间计量属性的矛盾

在财务会计概念框架中，时点计量属性和区间计量属性是两种不同的计量属性。时点计量属性是指对于某些经济事项，其计量结果应当在某个确定的时间点上进行计量，如应收账款、应付账款等；而区间计量属性是指对于某些经济事项，其计量结果应当在一定的时间范围内进行计量，如存货、长期借款等。时点计量属性和区间计量属性之间存在着矛盾，因为时点计量属性要求计量结果具有确定性和精确性，而区间计量属性则要求计量结果具有一定的估计性和可变性。因此，如何在两种计量属性之间进行权衡和协调，是财务会计中的一个重要问题。

4.可比性与实用性的平衡

在财务报表的编制过程中，可比性和实用性之间需要进行平衡。可比性是指财务报表能够与其他企业或同一企业不同时间期间的财务报表进行比较，从而提供有关企业财务状况和经营绩效的信息。实用性是指财务报表能够为用户提供有关企业财务状况和经营绩效的有用信息。

在实践中，可比性和实用性往往会存在矛盾。为了提高财务报表的可比性，需要采用一致的会计政策和计量方法，但是一些特殊的交易和事项可能需要采用特殊的会计政策和计量方法，这可能会降低财务报表的实用性。反之，为了提高财务报表的实用性，需要采用灵活的会计政策和计量方法，但是这会导致财务报表的可比性下降。

（三）各计量属性在会计准则及概念框架中的正确运用方式

通过上述分析可以发现，现在所使用的计量属性存在着种种矛盾，那么，如何正确处理各计量属性之间的关系，从而使准则及概念框架在运用计量属性时保持逻辑一致性呢？笔者分别从以下两种情况对此进行分析：一种情况是现行概念框架之下计量属性的运用方式，另一种情况是在理想的概念框架之下计量属性的运用方式。

1. 现行概念框架之下计量属性的运用方式

在现行财务会计概念框架下，各计量属性的正确运用方式如下：

（1）历史成本法

历史成本法是指以实际交易成本为基础，对资产和负债进行计量的方法。在现行概念框架中，历史成本法是最常用的计量方法，因为它可以保证财务报表的可靠性和稳定性。历史成本法在财务报表编制中的运用需要注意以下三点：第一，确定交易成本的方式和基准。交易成本是历史成本法的核心概念，其确定方式和基准会直接影响资产和负债的计量结果。在确定交易成本时，需要考虑诸如货币资金、存货、固定资产等因素，以及货币通胀、汇率变动等外部因素。第二，对资产减值的考虑。历史成本法计量的资产可能存在减值的情况，此时需要进行减值测试，并将减值损失计入损益表。减值测试需要考虑资产的持有期限、预期未来现金流量、市场情况等因素。第三，对负债的计量。负债的历史成本是指未来需要支付的现金流量的现值，需要考虑利率、偿还期限等因素。负债计量时需要注意利息支出的计量和应计的问题，以确保财务报表的准确性。

（2）公允价值法

公允价值法是指以市场上可得到的交易价格为基础，对资产和负债进行计量的方法。公允价值法在现行概念框架下主要应用于金融工具、投资性房地产等领域，其运用方式需要注意以下四点：第一，确定公允价值的来源和可靠性。公允价值的确定需要考虑其来源和可靠性，通常采用市场报价、专业估价等方式。需要注意，公允价值的来源和可靠性对计量结果具有重要影响，因此需要在计量过程中进行综合考虑。第二，对公允价值变动的处理。公允价值计量的资产和负债可能会因市场变化等因素而出现波动，需要对公允价值变动进行处理，以避免计量结果的扭曲。常用的处理方式包括将公允价值变动计入其他综合收益或损益表。第三，公允价值计量的适用范围。公允价值法的适用范围需要根据不同的资产和负债进行具体判断，一般适用于具有市场价格的金融工具、投资性房地产等。在应用公允价值法时，需要根据具体情况进行选择，避免过度依赖公允价值计量，影响财务报告的可靠性和准确性。第四，公允价值计量与历史成本计量的综合运用。公允价值计量和历史成本计量是现行概念框架下的两种重要计量方法，它们的综合运用可以更好地反映企业资产和负债的真实情况。具体实践中，需要根据不同资产和负债的特点，灵活运用公允价值法和历史成本法进行计量，使财务报表更加真实、准确、全面。

2. 理想概念框架之下的计量属性

理想概念框架是一种超越现有会计准则和法规的思想模型，旨在提供会计理论的框架和指导，为制定会计准则提供基础。在理想概念框架下，计量属性的正确运用需要考虑以下四个方面：

（1）成本属性

成本属性是指将资产和负债计量为其获取成本或清偿成本。在理想概念框架下，成本属性仍然是计量的主要属性之一，特别是对于物理实物资产等可以明确获取成本的资产，成本属性更具有实际意义。

（2）现值属性

现值属性是指将资产和负债计量作为其在计量时的现值。在理想概念框架下，现值属性的运用应该更加注重资产和负债的未来现金流量，将其折现至当前的现值，以反映资产和负债的现实价值。

（3）公允价值属性

公允价值属性是指将资产和负债计量作为其在市场上可获得的价格或可交换的价值。在理想概念框架下，公允价值属性的应用需要注意其市场来源和可靠性，同时还需要关注公允价值变动对财务报表的影响。

（4）收益属性

收益属性是指将资产和负债计量作为其所能产生的未来经济利益。在理想概念框架下，收益属性的应用主要针对收入的计量，特别是针对能够明确确认收入的情况下，如何进行收入的计量。

需要注意的是，在理想概念框架下，各计量属性并没有明确的优先级，其应用应当根据具体情况进行综合考虑，以便能够更加准确地反映资产和负债的实际价值。

四、我国构建财务会计概念框架的设想

当前，我国的金融体制改革和财税体制改革都在深入推进，生动活泼的现实发展需要一套完整成熟的基本理论体系来指导，其中，建立和改进我国的财务会计概念框架是财会行业的当务之急。科技革新产生的新的交易模式和经济增长点宣告着知识经济的到来，在此环境下必然涌现出大量经济业务创新，这就需要会计处理方法和程序的相应创新，需要有一套前后一致的财务会计概念框架，为创新经济业务的会计核算提供理论指导，以满足会计核算的需要。同时，市场经济的基石——诚信，仍然发挥着至关重要的作用。诚信缺失会扭曲市场信息，败坏市场秩序，这就要求加大对会计行业的监管力度，也呼唤更高质量的会计准则。

（一）使财务报告目标具体化

在经济环境、市场条件、企业性质等因素的影响下，我国的财务报告的目标仍然应该提倡受托责任观，等到资本市场发达到一定程度，再向决策有用观转变，这样我国以受托责任观为主，兼顾决策有用观的财务报告目标既保持了特色，又具有一定的前瞻性。

制定财务报告目标要遵守三条原则：第一，财务报告目标的制定必须满足我国会计环境的需求，保证信息真实性、可靠性及相关性；第二，不仅限于企业过去及现在发生的事项，要确保其具有前瞻性，将未来的生存能力及发展情况也纳入考量；第三，在适应本国会计环境的基础上，尽量与国际准则相协调，以国际标准来制定我国的财务报告目标。

在制定财务报告目标时应该具体规定信息的范围和用途，合理确定财务报告目标才能发挥其应有的理论指导作用，对实践进行指导。具体构想如下：第一，应该提供对政府部门制定调节资源配置、产业结构、企业改组等决策所需要的信息；第二，应该对企业经营者提供使经济资源得以保值及增值的受托履行及完成情况的信息；第三，应该对现有和潜在投资者、债权人、其他利益相关者提供使其能够决策投资、信贷的相关信息；第四，应该对现有和潜在投资者、债权人、其他利益相关者提供经营管理、投筹资活动的资金时间价值及相关信息；第五，应该对现有和潜在投资者、债权人、其他利益相关者提供企业组织、行业背景、竞争机制等相关企业背景信息；第六，应该提供使经济资源和经济资源要求权发生变动的信息；第七，应该向社会大众提供关于社会责任履行情况的信息。

（二）对财务信息质量特征要求进行分层分类

在财务信息质量特征方面，我国应该充分借鉴国际上在财务信息质量特征体系建设中的先进经验，逐步建立起多层次、逻辑关系紧密的财务信息质量特征体系，强化财务信息质量特征体系在我国财务会计概念框架中的地位。对于构建我国财务信息质量特征体系，提出以下看法：

在任何情况下都必须保证收益大于成本，这是财务会计信息提供行为必须满足的最高约束条件，即确保商业行为的经济性。形成财务报告信息的过程是要付出成本的，而且分析解释财务信息同样会产生成本，假如使用者没能获取想要的信息，那么就需要花费额外的成本，如果能够如实地报告财务信息，将会有助于使用者更加有信心地作出决策。

基本质量特征是可靠性和相关性。

可靠性保证会计信息真实可靠、内容完整；信息的有用性表现在既要对相关经济现象有所反映，也能对想要反映的经济现象如实可靠地表达。如实可靠反映提供有关经济现象的实质而不是仅提供其法律形式，仅反映经济现象的法律形式而非构成经济现象基础的实质就不会形成可靠反映。完美的可靠性具备三个次级特征：谨慎性、实质重于形式和完整性。谨慎性意味着不高估资产和收入，不低估负债和费用，也不允许对资产和收入过于保守估计，对负债及费用夸大估计。因为这样的错误估计会导致在未来期间夸大收入、低估费用。实质重于形式要求财务信息必须忠实地表达交易和事项，当法律形式与经济实质存在不一致的交易或事项时，主体的会计处理和财务报告应着重反映其经济实质。完整性指的是使用者在理解经济现象这一过程中所需要的信息全部包含在内。例如，对于一组资产完整的描述至少包括对资产的性质和数量以及数量所代表的意义的描述，对于某些经济现象则需要解释其特点和性质，以及影响其特点和性质的情形，确定其数值的过程。

相关性指的是企业提供的会计信息必须与财务报告信息使用者作出的经济决策相关，只有满足可靠性和相关性的基本要求才能体现出会计信息的预定目标。当这两个特征发生冲突的时候，放在首位的是可靠性，因为只有保证了会计信息真实可靠的前提下才会进一步考虑相关的会计信息是否与使用者的决策有关。将谨慎性、实质重于形式、完整性作为可靠性的外延，将及时性、反馈性、预测性作为相关性的外延。

次级质量特征包括可理解性、可比性，虽然这并不是有用财务信息的必要特征，但可以优化具有可靠性及相关性的信息，增强有用性。会计信息的使用者不仅是专业的会计人员，因此财务信息质量特征应具备可理解性，通过用清晰、易懂、通俗的文字对本身复杂难理解的经济现象进行列报和解释，从而使信息更有用地表达出来。增强会计信息的可理解性保证了会计信息能够被使用者所理解和利用，可比性确保不同时期会计信息口径一致，相互可比。

（三）提出报告主体，明确报告主体的边界

首先，在国际财务会计趋同的趋势下，我们必须在我国的财务会计概念框架中提出报告主体的概念，并对其进行定义，明确"报告主体"不必是法律主体，而该主体的部分或是多个主体都可以作为报告主体。假如报告主体的存在与否取决于它是不是一个法律主体，那么就意味着法律形式重于经济现象。例如，没有不是法律主体的合伙制企业，也没有理由认为其不可以成为财务报告的对象，否则会导致使用者无法获取有用的信息。

其次，设定报告主体的边界。财务报表提供的资产、负债、权益、收入和费用的信息，形成于报告主体范围内的所有经济活动。当一个主体（母公司）对另一主体（子公司）有控制权时，将在以下两种情况下可以决定它的报告主体范围：第一，当母公司能够直接控制子公司时，那么直接控制可以用来确认报告主体的边界，对应所形成的报表叫作未合并财务报表；第二，一个主体除可以直接控制另一个主体以外，还能够对其他另外的主体具有间接控制权，那么直接及间接控制可以确认报告主体的边界，对应所形成的报表就是合并财务报表。潜在及现实的投资者、债权人及其他信贷者可以通过财务报告获取对其经营决策有用的财务信息。要想达到财务报告的目标，就必须对报告主体的范围有正确的界定。因而，我国推进财务报告目标的改革应该从报告主体多重化的角度出发，将采用双重信息披露制度——合并报表与未合并报表并行，对两者间分工与协作开展更为深化的研究，大大增加双重信息披露的整体有用性。

（四）为会计确认构建统一的标准

会计确认是会计计量、记录以及会计报告的基础，会计是通过大量收集企业的数据信息来反映企业的经济活动，而这些数据信息只有经过会计确认以后才能形成财务报告，会计确认在会计核算中具有极其重要的作用。

确认是将一个符合要素定义的项目列入资产负债表和收益表的过程。能够在资产负债表中得以确认的事项必须满足资产、负债或权益的定义；同时能够在收益表中得以确认的事项也必须满足收入或费用的定义。然而，反映主体的实际价值并不是财务报表的目的，因此，也不是所有的资产和负债都需要在财务报表中得以确认。要辨认一个满足要素定义的事项是否能为报告使用者提供有效信息是很难的，如果一个事项满足要素的定义却没有确认，那就需要披露这方面的信息。

需要建立规范的会计确认标准，即可定义性、可计量性、可靠性、相关性。这个标准首要满足的约束条件是必须确保收益大于成本，同时会计确认标准需要与财务信息质量特征相符合。财务信息质量特征作为中介将财务报告的目标及会计程序紧紧相连，对选择、判断和确认会计程序与方法上产生重大的意义。在会计信息系统的每一个步骤和环节中，财务信息质量特征在接收并加工信息方面起到了作用。通过会计确认的可靠性、相关性、可比性和一致性等特征来判断会计信息是否有用，而将财务信息质量基本特征的可靠性和相关性作为会计确认的基本标准。

（五）明确计量目标，系统归纳总结计量基础并设定选择标准

首先，计量目标应该由财务报告目标以及财务信息质量特征共同决定。明确计量目标是构建财务会计概念框架中的重要一步，计量目标的明确需要考虑财务报告的目标以及财务信息质量特征。财务报告的目标是提供反映企业财务经营状况和现金流量情况的会计信息给财务报告使用者，同时反映的会计信息必须具有质量特征。因此，计量目标应该能提供有助于如实反映主体的经济资源、要求权的信息以及管理层运用资源效率和效果的信息，同时反映的会计信息必须具有质量特征。在财务报告中，资产和负债的计量基础应该反映怎样为主体带来未来现金流量，以及主体未来应该怎样清算或履行义务。这样的计量目标可以更好地反映企业现金流量的变化，符合财务报告的目标，满足使用者的信息需求。同时，财务信息的质量特征也需要纳入考虑。财务信息的质量特征包括可比性、可验证性、可理解性、及时性、完整性和准确性等，这些质量特征可以保证计量结果的可靠性和有效性。明确计量目标需要考虑财务报告的目标以及财务信息质量特征，以确保计量结果具有可靠性和有效性，为财务报告使用者提供有用的信息。

其次，可以将计量基础分为两大类，一是以历史成本为基础的计量，二是以现行价值为基础的计量。以历史成本为基础的计量是指按照获取或生产资产时的成本计量，反映主体在过去所持有的资源或承担的义务的价值。以现行价值为基础的计量是指按照当前市场上可得到的交易价格或者其他评估方法计量资产或者负债，反映当前和未来的经济利益。需要注意的是，以上分类只是针对计量基础的大类，实际上还有很多具体的计量方法和技术，需要根据实际情况选择和运用。此外，在具体的准则中对应用的计量基础也需要进行具体的定义和分析，以确保计量结果符合财务报告目标并具备质量特征。因此，在确定计量基础时，需要充分考虑主体经济事项的复杂性和计量基础的应用前提，同时根据财务报告目标和质量特征等因素进行综合分析和选择。

最后，对于计量基础的选择应该考虑四个因素，一是相关性，影响因素包括一项资产或负债在未来会通过什么方式产生现金流、计量的不确定性以及资产或负债自身的特点。二是可靠性，这里的可靠性并不是要求主体完全无误地反映信息，当资产和负债在某种程度上是相关的时候，利用不同的资产负债计量基础可以创建不一致的计量。计量不一致可能导致财务报表不能真实地反映该单位的财务状况和财务绩效。因此，在一些情况中，对于相关的资产或负债使用类似的计量基准可以比使用不一致的计量基准提供更有效的信息。三是提升的质量特征，通过提高可比性、可验证性和可理解性对计量基础的选择也有启示作用。四是成本约束是最基本的保证，无论采用任何计量基础都必须保证带来的收益要大于其成本。

第四章
新时期会计模式的选择与变迁

第一节　会计模式的基本内涵

会计职能的实现，必然要使用一定的货币计价单位，依据一定的计价基准，运用一定的方法，采用一定的程序，并将它们科学地结合起来形成一种固定的程式，这种在会计核算中的固定程式称为会计模式。

一、会计模式的内涵

（一）会计模式与会计制度

会计模式和会计制度是两个常用的概念，在国际会计和比较会计研究中经常被使用。会计制度指的是特定国家或地区的会计规范和准则，包括会计政策、会计方法、会计核算和财务报告等内容。会计制度是在具体的国家和地区内实行的，它与当地的法律、税收和监管机构紧密相关，因此具有一定的局限性和特殊性。会计制度可以用来规范和约束企业的会计行为，以确保其财务报告的准确性和透明度。

与会计制度不同，会计模式是一种抽象概念，它并不直接等于某一国家或地区实际存在的会计制度本身，而是从实际存在的会计制度中排除了具体的细节而获得的理论抽象。会计模式是从多种会计制度中抽象出来的一种共性的、通用的理论框架。它反映了不同会计制度中的共性和普遍性，是对不同会计制度进行概括和抽象后得出的概念。在国际会计标准制定和比较会计研究中，会计模式是非常重要的一个概念，因为它可以用来比较不同国家或地区的会计制度，评价其优劣和适用性。

会计模式可以理解为一个抽象的、通用的会计理论框架，它包含了会计制度的基本规定性、基本框架和主要工作原则等内容，是一个更高层次的抽象概念。而会计制度则是一个更具体的概念，是指在特定国家或地区内实行的会计规范和准则，包括会计政策、会计方法、会计核算和财务报告等内容。会计制度是会计模式的具体实现和应用，是会计模式在实践中的具体体现。

在比较国际会计制度时，研究者通常会采用比较会计模式的方法，将不同国家或地区的会计制度进行抽象和概括，比较它们之间的异同和优劣。这种方法可以避免过于依赖某个具体的国家或地区的会计制度，提高比较的客观性和准确性。

（二）设想的会计模式和现实的会计模式

设想的会计模式通常基于理论或未来可能的变革，是在对当前存在的会计模式进行批判性分析和反思后提出的新的会计模式。设想的会计模式通常由学者、专业机构和国际组织等提出，旨在指导未来的会计准则和规范的制定，以期获得更好的财务报告质量和更高的信息透明度。

现实的会计模式则是指在现实的会计实践中采用的会计准则和规范的总和，它是会计理论在实践中的体现。现实的会计模式可以因国家、地区、企业类型、行业等不同而有所不同，反映了各种因素对财务报告产生的影响。

在国际会计和比较会计研究中，对现实的会计模式进行比较和分析，以确定其共同点和差异点，并从中提炼出更加通用的会计理论和规范，以期推动全球会计准则和规范的发展和完善。同时，设想的会计模式也为现实的会计模式的改进提供了参考和借鉴。

（三）国际会计模式和世界会计模式的概念

在国际会计和比较会计研究领域，常常使用"国际会计模式"和"世界会计模式"这两个概念来描述不同的会计规范和准则。然而，这两个概念的确切含义和使用方式常常会引起误解和混淆。

首先,"国际会计模式"这个概念并不准确,因为国与国之间或世界各国之间并不存在一种统一的会计模式。实际上,不同国家和地区的会计制度和准则存在着较大的差异,这些差异是由于历史、文化、政治和经济等方面的因素造成的。因此,应该将"国际会计模式"理解为国际上通行的会计准则和规范的总和,而不是一种具体的、普遍存在的会计模式。

其次,"世界会计模式"是指全球范围内的会计模式,它是"国际会计模式"的一种更广泛的表述方式。然而,由于世界范围内的会计制度和准则存在着较大的差异,因此要准确描述全球会计模式并非易事。同时,很多"世界会计模式"的研究实际上都限于某些特定国家或地区的范围,因此应该谨慎使用这一概念。

最后,对于会计模式的研究应该注重具体问题和具体背景。不同国家和地区的会计模式存在巨大的差异,因此对于某一具体问题的研究应该以该问题所涉及的国家和地区的会计模式为研究对象。同时,会计模式也是历史和文化的产物,因此要考虑不同国家和地区的历史、文化和政治经济背景等因素,从而更好地理解和比较不同的会计模式。

二、传统会计模式的缺陷

随着社会的发展,传统会计模式在实践中最为突出的问题是会计信息质量问题、会计核算范围问题。

(一)会计信息质量问题

会计信息质量是指会计信息所具有的可靠性、及时性、可比性、完整性和清晰度等特征。在实践中,会计信息质量问题主要表现在以下四个方面:

1. 会计信息披露不全面

传统会计模式主要是以企业自身的财务信息为核算对象,只有经过审计或复核的财务报表才能对外披露,而这种方式已经不能满足信息使用者的需求，特别是对于公众公司和金融机构等的要求更为苛刻。会计信息披露的不全面会导致会计信息质量的下降。

2. 会计信息精度不高

以历史成本为基础的会计模式忽略了资产和负债的实际价值变化，尤其是在通货膨胀情况下，导致资产和负债的实际价值大幅度下降或上升，从而影响了会计信息的精度。

3. 会计信息不可比

由于各国会计准则的差异，会计信息的可比性较差，这不仅给跨国企业的决策带来了困难，也给国际投资者的决策带来了不便。

4. 会计信息不及时

由于传统的会计模式需要一定的时间来核算和编制财务报表，因此会计信息的及时性较低，对需要实时信息的决策带来了不利影响。

（二）会计核算范围问题

会计核算范围是指会计核算所涵盖的对象，包括会计主体、会计要素和会计核算单位等。现行的会计模式主要以企业为核算主体，以货币资金、存货、固定资产、长期投资等为核算要素，以公司法人、独立核算单位等为核算单位。但是，在全球化的经济背景下，传统的会计模式已经不能适应新的经济环境。

1. 会计主体范围过窄

传统会计模式主要以企业为核算主体，而在现代经济中，除了企业，还涉及政府、非营利组织等各种类型的主体，而这些主体的财务信息也具有一定的决策价值。因此，现行的会计模式扩大了会计主体范围，使得会计信息更加全面、客观、真实地反映经济活动的全貌。

2. 会计要素范围过窄

传统会计模式主要以货币资金、存货、固定资产、长期投资等为核算要素，而在现代经济中，金融资产、无形资产、生态资产等新的经济要素逐渐成为重要的核算对象。因此，现行的会计模式扩大了会计要素范围，将相关的经济要素纳入会计核算范围之内，从而更好地反映经济活动的特点和变化。

3.会计核算单位范围过窄

传统会计模式主要以公司法人、独立核算单位等为核算单位，而在现代经济中，各种形式的企业合作、联合经营等新型企业形态层出不穷，需要新的会计核算单位来适应这种变化。因此，现行的会计模式扩大了会计核算单位范围，力求将所有涉及经济活动的单位纳入会计核算范围之内，更好地反映实际的经济活动和企业的运营情况。

会计核算范围的问题是传统会计模式中存在的重要问题之一。随着全球化和新型经济形态的出现，传统的会计模式已经不能满足实际需求，需要考虑扩大会计核算范围，更好地反映经济活动的特点和变化，提高会计信息的质量和决策效果。

三、会计模式的发展趋势

会计模式是随着时间推移和经济发展而不断变化的，其发展趋势与全球化、信息技术和可持续发展等多个因素密切相关。

（一）国际化趋势

随着全球经济一体化的进程，各国之间的经济联系越来越密切，国际会计准则的制定和推广已经成为趋势。当前，国际会计准则理事会（IASB）制定的国际财务报告准则（IFRS）已经成为全球范围内企业财务报告的主流。未来，随着越来越多的国家和地区加入IFRS体系，会计模式的国际化趋势将更加明显。

（二）数字化趋势

随着信息技术的飞速发展，会计模式也朝着数字化、自动化的方向发展。人工智能、大数据、区块链等新技术正在不断应用于会计领域，实现了财务数据的实时采集、自动化处理和快速呈现。数字化会计模式大大提高了会计信息的准确性和实时性，减少了人为操作的错误，提高了工作效率。

（三）可持续发展趋势

可持续发展是当今世界各国和地区所面临的共同问题，未来的会计模式也将紧密围绕可持续发展展开。会计报告不仅要反映企业的财务状况和业绩，也要反映企业对环境、社会和治理等方面的责任履行情况。可持续发展趋势下的会计模式需要更加注重企业的社会责任和环境保护，强化信息披露，推动企业可持续发展。

（四）社会化趋势

社会化趋势是指会计模式逐渐向社会化、开放化的趋势发展。现代会计模式越来越注重公正、透明和信息披露，企业不再是单一的会计主体，而是与社会各界形成了紧密联系。会计模式的社会化趋势不仅意味着企业对外披露信息的增加，也意味着会计工作者需要更加注重公共利益，承担更多的社会责任。

（五）个性化趋势

个性化趋势是指会计模式向个性化、定制化的方向发展。随着信息技术的迅速发展和应用，企业之间的差异日益凸显，传统的会计模式已经不能完全适应各类企业的不同需求，因此，个性化趋势逐渐成为会计模式发展的一种新趋势。

一方面，个性化会计模式的发展是技术发展的必然结果。新一代信息技术为企业提供了更多的管理工具，使得企业的业务流程更加高效，而这些业务流程也需要与会计核算相结合。通过新一代信息技术，企业可以定制自己的会计信息系统，以满足不同业务流程的会计核算需求，这就需要会计模式向个性化的方向发展。另一方面，个性化会计模式的发展也是市场需求的结果。企业间的竞争日益激烈，使得企业需要通过不同的管理方式来实现差异化竞争。企业在经营过程中，需要更精细的管理和更快速的决策支持，这就需要会计模式能够针对不同的企业类型和管理需求，提供不同的会计核算方案，以满足企业的个性化需求。

个性化趋势的发展也带来了一些挑战。一方面，会计模式的个性化会带来会计标准的分散化，导致国际会计准则的统一性受到影响。另一方面，个性化会计模式也可能导致信息不对称，影响投资者的决策。因此，在个性化趋势的发展过程中，需要在个性化和标准化之间寻找平衡，保证会计模式的适应性和可比性。同时，加强信息披露和信息交流，减少信息不对称，提高投资者的决策效率，以实现企业和投资者的共赢。

第二节 基于会计属性的重构

会计属性是会计信息中的重要组成部分，它涉及财务报表中各项信息的计量、披露、分类等，对于会计准则的制定、会计监管的实施以及企业经营决策的支持具有重要意义。随着市场经济的深入发展以及财务信息使用者的不断增加，现行会计模式的一些缺陷已经逐渐显现出来。因此，基于会计属性的重构成为当前会计研究的热点之一。本书将从基本会计属性、会计属性的缺陷以及基于会计属性的重构三个方面阐述。

一、基本会计属性

会计属性是会计信息的基础，是会计准则制定和会计监管的基础。基本会计属性包括：计量属性、披露属性、分类属性、时效性属性、可比性属性等。其中，计量属性是最基本的属性，是指对于会计信息中各项经济业务进行货币计量的属性。计量属性是会计信息反映财务状况和经营成果的基础，对于企业决策和财务报告的质量具有决定性影响。

（一）计量属性

计量属性是会计信息反映财务状况和经营成果的基础，是指对于会计信息中各项经济业务进行货币计量的属性。计量属性是会计信息的基础，对于企业决策和财务报告的质量具有决定性影响。现行会计模式中，计量属性主要以历史成本计量为主，忽视了现行价值的作用。在高通胀的经济环境下，历史成本计量容易低估资产价值和高估负债价值，影响企业决策的准确性。因此，建立多元化的计量属性，引入公允价值计量和现金流量计量等新的计量属性，以更好地反映企业的真实情况，具有重要意义。

（二）披露属性

披露属性是指会计信息中各项内容应当按照一定的规则进行公开披露的属性。披露属性是会计信息质量的重要保证，是企业披露财务信息的基础和前提。披露属性的不足会导致财务报告的信息量不足以支持外部用户对于企业的判断和决策。另外，笼统的披露规则无法体现出会计信息的真实性和全面性，容易被企业利用进行信息的造假和隐瞒。因此，增强披露属性，加强对于企业治理结构、业务模式、风险管理、内部控制等方面的披露，可以提高财务报告的信息量和透明度。

（三）分类属性

分类属性是指将企业的财务活动分门别类地进行分类和记录，以便于进行统计和分析。分类属性是会计信息体系的重要组成部分，对于管理者决策和财务报告的准确性都具有重要作用。现行会计模式中，分类属性的局限性较大，难以适应新的经济形势和管理需要。因此，需要在现有会计模式的基础上对分类属性进行重构，以更好地适应新的经济形势和管理需要。

二、会计属性的缺陷

现行会计模式存在的主要缺陷是计量属性的单一性、披露属性的不足以及分类属性的局限性。

（一）计量属性的单一性

计量属性是会计信息体系中最基本的属性之一，是指对于会计信息中各项经济业务进行货币计量的属性。计量属性反映了会计信息的精度和准确度，对于企业的经营管理和财务报告的准确性具有重要的影响。在现行会计模式中，计量属性主要以历史成本计量为主，而忽视了现行价值的作用，这也是现行会计模式的主要缺陷之一。

历史成本计量是指在会计核算中，资产和负债的计量以其获取或承担时的历史成本为基础，即以购入或生产成本为基础进行计量。这种计量方法的优点在于简单、明确、稳定，但在某些情况下却存在一定的缺陷。特别是在高通胀的经济环境下，历史成本计量容易低估资产价值和高估负债价值，影响企业决策的准确性。举个例子，如果一家企业在30年前以100万元购买了一块地，现在的市场价格已经上涨到1000万元，但在会计报表中仍按100万元计量，就会导致企业的净资产和盈利能力被严重低估。

为了弥补历史成本计量的缺陷，现行会计模式中已经引入现行价值计量和公允价值计量等新的计量属性。现行价值计量是指按照现行价格计量资产和负债，以反映其当前的价值。公允价值计量则是指按照市场价格计量资产和负债，以反映其实际的市场价值。这些新的计量属性能够更好地反映企业的真实情况和经营成果，提高财务报告的可靠性和准确性，有助于更好地支持企业的决策。

需要注意的是，引入新的计量属性并不是简单地替代历史成本计量，而是要根据不同的资产、负债和经济活动的特点，选择合适的计量属性进行计量。同时，在引入新的计量属性的同时，还需要制定相应的会计准则和规范，以确保计量的准确性和一致性。只有这样，才能更好地发挥计量属性在会计信息体系中的作用，提高财务报告的质量和可信度。

（二）披露属性的不足

披露属性是指在财务报告中，各项会计信息应当按照一定规则进行公开披露的属性。它是会计信息的重要组成部分，也是会计透明度和质量的重要保障。在现代企业中，财务报告已经成为企业与投资者、媒体、监管机构、政府等各种利益相关方进行沟通的主要方式，因此披露属性的质量对于维护各方的利益平衡和社会稳定具有重要作用。然而，在现行会计模式中，披露属性存在不足之处。具体表现在以下三个方面：

1. 信息量不足

现行会计模式中，财务报告披露的信息量往往不能满足外部用户对企业的信息需求，使得外部用户难以对企业的真实财务状况和经营成果进行全面准确的判断和决策。这主要是因为现行会计模式中的披露规则相对简单笼统，不能完整反映出企业的财务状况和经营情况，以及相关风险和影响因素。例如，对于企业的现金流量、重要业务关系、关键风险、不确定性等方面的披露往往不够详细和全面，难以满足外部用户的信息需求。

2. 真实性和全面性不足

现行会计模式中的披露规则往往相对简单笼统，不能完整反映出企业的财务状况和经营情况。企业往往会通过各种手段如合理化会计政策、虚增资产价值、隐瞒负债风险、采用特殊目的主体等，对会计信息进行隐瞒和歪曲，从而影响财务报告的质量。此外，现行会计模式中的披露规则也不够完善，难以保证会计信息的真实性和全面性。

3. 披露规则不一致

现行会计模式中，不同国家和地区的披露规则不尽相同，存在一定程度的差异，这使得各种利益相关方对企业财务报告的比较和分析存在一定困难。在全球化的经济背景下，企业越来越需要面对披露规则不一致的问题，解决的主要途径是建立国际会计准则，以实现全球财务报告的标准化和可比性。IASB 和 FASB 是两个重要的国际会计准则制定机构，他们制定的《国际会计准则》和《美国会计准则》在一定程度上统一了全球财务报告的披露要求。

（三）分类属性的局限性

分类属性是指会计信息按照一定的分类标准进行归类的属性。现行会计模式中，分类属性的局限性主要表现在两个方面：

1. 分类标准的单一性

现行会计模式中，会计信息的分类标准主要以资产、负债、所有者权益、收入和费用等方面为主。这种分类标准虽然基本上能够覆盖企业的全部经济活动，但是对于某些特殊情况，分类标准过于单一，无法完全反映企业的真实情况。

2. 分类属性的划分不够细致

现行会计模式中，对一些会计信息的分类属性划分不够细致，导致对于某些重要信息的反映不够准确。

三、基于会计属性的重构

基于会计属性的重构是指在保持现有会计模式基本框架的基础上，对会计属性进行重构和完善，以更好地反映企业的真实情况和经济活动。具体而言，基于会计属性的重构主要包括以下四个方面。

（一）多元化的计量属性

多元化的计量属性是指在现有计量属性的基础上，引入符合实际情况的新的计量属性，以更准确地反映企业的财务状况和经营成果。

1. 多元化计量属性存在的问题

（1）实现难度较大

多元化计量属性的实现需要充分考虑市场价格的波动性和数据收集的难度，而在现实中这种数据的收集和分析往往非常困难。企业需要投入大量的人力和物力去采集、分析和处理这些数据，这不仅增加了企业的财务成本，还增加了企业管理的难度。

（2）市场扭曲可能性增加

在计量属性受到市场价格波动的影响情况下，当市场价格存在扭曲时，会影响计量的准确性。而市场价格扭曲的可能性也随着新计量属性的引入而增加，这可能会导致企业财务报告的真实性和准确性受到影响。

2.应对策略

（1）合理掌握计量属性的权衡

多元化计量属性的引入需要充分权衡各种因素，特别是市场价格的波动性和数据收集的难度。企业应该根据自身的情况，制定合理的计量策略，包括选择适当的计量方法和周期，以确保会计信息的准确性和可靠性。

（2）完善披露规则和制度

为提高财务报告的透明度和可信度，需要完善披露规则和制度，确保会计信息的真实性和全面性。具体措施包括制定更加详细和具体的披露要求、建立相应的内部控制制度、增强对于披露违规行为的监管力度等。

（3）加强会计信息的比较和分析

由于不同国家和地区的会计规则存在差异，企业需要加强会计信息的比较和分析，以便更好地理解财务报告中的信息。同时，政府和监管机构应该加强对于跨国企业财务报告的监管和协调，确保财务报告的可比性和透明度。

（4）推广新的会计技术和工具

随着信息技术的发展，新的会计技术和工具不断涌现，如大数据、人工智能等。企业应该积极推广和应用这些新技术和工具，以提高会计信息的准确性和实时性，同时能够降低成本和提高效率。

（5）加强会计人员的培训和素质提高

会计人员是会计信息披露的主要责任人，他们的素质和能力直接影响财务报告的质量。因此，企业应该加强对于会计人员的培训和素质提高，提高他们的专业能力和责任意识，确保会计信息的准确性和可靠性。

基于会计属性的重构是现代会计理论和实践的一个重要方向，多元化的计量属性是会计信息反映实际情况的关键，披露属性的完善和规范化是保证会计信息透明度和可信度的基础。企业应该积极应对会计属性的缺陷和局限性，推广新技术和工具，加强人才培训和管理，以提高会计信息的质量和有效性。

（二）增强的披露属性

增强的披露属性是指在现有披露规则的基础上，增加更多的披露内容和披露方式，以提高财务报告的信息量和透明度。例如，可以在现有披露规则的基础上增加对于企业治理结构、业务模式、风险管理等方面的披露内容，同时采用更为直观、易于理解的披露方式，例如可视化报告、数字化报告等。

1. 增加披露内容

现行会计模式中，披露内容较为简单，往往难以满足各种利益相关方的需求。因此，企业可以在现有披露规则的基础上增加更多的披露内容，以满足各种利益相关方的需求。具体而言，企业可以增加以下披露内容：第一，治理结构披露。包括企业董事会、监事会、高级管理人员的构成及职责分工等内容，以及公司治理结构的完整性和有效性等方面的披露。第二，业务模式披露。包括企业的主要业务、业务模式、市场情况、竞争对手等内容，以及对于未来发展趋势的分析和预测等方面的披露。第三，风险管理披露。包括企业面临的各种风险、风险管理策略、风险预警机制、风险控制措施等内容，以及企业面临的风险和不确定性的影响等方面的披露。第四，社会责任披露。包括企业的环境保护、社会公益、员工福利等方面的披露，以及企业与社会之间的互动关系等方面的披露。

2. 采用直观易懂的披露方式

增强披露属性不仅需要增加披露内容，还需要采用直观易懂的披露方式，以便各种利益相关方更好地理解企业的财务状况和经营成果。具体而言，企业可以采用以下披露方式：

（1）可视化报告

可视化报告是将数据通过图表、动态图像等形式展示出来，使读者更易于理解和分析。企业可以采用可视化报告来展示财务数据，例如用折线图、柱状图、饼图等方式呈现企业的收入、成本、利润等财务指标，使读者更容易理解和比较不同财务指标之间的关系和趋势。

（2）数字化报告

数字化报告是指将财务报告以数字化方式呈现，通过各种数字化工具和技术实现财务信息的动态更新和跟踪。例如使用财务管理软件、财务云平台等工具，实现财务信息的实时披露和查询。

（3）互动式报告

互动式报告是指通过互联网技术实现读者与报告之间的互动和反馈，提供更加灵活和个性化的财务信息服务。企业可以采用互动式报告来满足不同读者对于财务信息的需求，例如通过在线问答、在线投票等方式，让读者更加深入地了解企业的财务状况和经营成果。

采用直观易懂的披露方式是增强披露属性的重要手段之一，可以提高财务报告的信息量和透明度，为财务报告使用者作出决策提供参考，更好地满足各利益相关方的需求。

（三）全面化的分类属性

全面化的分类属性是指在现有分类属性的基础上，增加更多的分类指标和分类维度，以更好地反映企业的实际情况和经营特点。例如，可以在现有分类属性的基础上增加对于企业各项业务的分类指标，如产品线、地区等，同时增加对于企业所处行业、企业规模等维度的分类指标，以更全面地反映企业的特征和特点。具体而言，全面化分类属性的重要性体现在以下五个方面：

1. 提高信息透明度

全面化分类属性可以提高财务报告的信息透明度,使各利益相关方更好地理解企业的财务状况和经营成果,减少信息不对称的情况,增强对企业的信任度。

2. 支持决策制定

全面化分类属性可以为企业决策制定提供更准确、全面的信息,使管理者更好地了解企业的实际情况和经营特点,制定更科学、合理的决策。

3. 适应新的经济环境

全面化分类属性可以更好地适应新的经济环境,例如新经济、互联网经济等,反映企业的新业务和新特点,为企业在新经济环境下的发展提供更为全面和准确的支持。

4. 满足不同利益相关方的需求

全面化分类属性可以更好地满足不同利益相关方的需求,如投资者、监管机构、消费者等,使这些利益相关方可以更好地了解企业的财务状况和经营特点,从而作出更为准确的决策。

5. 提高财务报告的质量

全面化分类属性可以提高财务报告的质量,使财务报告更加准确、全面,避免遗漏和误导。同时,全面化分类属性可以提高财务报告的可比性,使得企业之间更容易进行比较和分析。

全面化分类属性对于企业和各种利益相关方都具有重要的意义,是基于会计属性的重构中必要的一步。

(四)综合化的会计属性

综合化的会计属性是指在现有会计属性的基础上,采用多种属性的组合方式,以更全面、准确地反映企业的财务状况和经营成果。例如,可以采用现行价值计量和公允价值计量的组合方式,以更全面地反映企业资产的价值和负债的风险;可以采用现金流量计量和经济利润计量的组合方式,以更全面地反映企业的经营成果。

1.综合化的会计属性概述

综合化的会计属性是在现有会计属性的基础上，采用多种属性的组合方式，以更全面、准确地反映企业的财务状况和经营成果。综合化的会计属性是基于会计属性的重构中重要一步，可以更好地适应新的经济环境和企业的实际需求，提高财务报告的质量和透明度。

现行会计模式中，计量属性、披露属性和分类属性是会计信息的基本属性，然而每种属性都存在一定的缺陷，难以完全反映企业的实际情况和经营特点。因此，引入综合化的会计属性可以在一定程度上弥补现有会计属性的不足，提高财务报告的信息量和准确性。

2.综合化会计属性的组合方式

（1）现行价值计量和公允价值计量的组合方式

采用现行价值计量和公允价值计量的组合方式可以更全面地反映企业资产的价值和负债的风险。

现行价值计量是指基于现行市场价格等信息计量企业资产和负债的价值。例如，企业可以按照市场价格对股票、债券等进行计量，以更准确反映其价值。公允价值计量是指基于市场价格或其他可观测价格计量企业资产和负债的价值，以更全面地反映其风险和价值。

（2）现金流量计量和经济利润计量的组合方式

现金流量计量和经济利润计量是反映企业经营成果的重要指标。现金流量计量是指反映企业经营活动、投资活动和筹资活动所产生的现金流量的计量方式。经济利润计量是指反映企业经营活动所产生的利润的计量方式。

采用现金流量计量和经济利润计量的组合方式可以更全面地反映企业的经营成果。

（3）现行会计属性和非会计属性的组合方式

将会计属性和非会计属性相结合可以以更全面地反映企业的实际情况

和经营成果。

例如，可以将销售额、市场份额等非会计指标与净利润、现金流量等会计指标相结合，以更全面地反映企业的经营状况。同时，可以将员工满意度、客户满意度等非会计指标与人力资本投资回报率、客户关系管理成本等会计指标相结合，以更全面地反映企业的可持续发展情况。

综合化的会计属性的组合方式需要充分考虑企业自身情况和行业特点，根据实际情况确定组合方式，以便更准确、全面地反映企业的财务状况和经营成果。同时，需要加强会计监管和审计，确保会计信息的真实性和可靠性，防止企业利用综合化的会计属性进行信息的造假和隐瞒。

第三节　新技术引领会计核算服务变革

随着移动技术飞速发展，各类智能设备快速普及和终端能力持续增强，移动互联网将移动设备、移动通信技术和互联网结合为一体，让用户可以随时随地使用各种应用和服务。随着5G技术的进一步成熟，人工智能、物联网、云服务和虚拟现实将推动移动互联网裂变式发展，让移动应用更加复杂、形态更加多样，用户将会面对更加智能的交互界面、持续在线服务、富媒体、AR、VR等全新的移动应用，这些技术也为企业移动化建设带来了新的机会与挑战。

在数字经济时代，各种新兴技术如云计算、大数据、人工智能等正快速崛起，已经深刻地改变了我们的生产和生活方式。会计核算作为企业的基本业务之一，也必须跟随时代的变迁，采用新技术手段来提高效率、降低成本、增强精度、提升服务水平。下面将从以下两个方面来详细探讨新技术引领会计核算服务变革的途径。

一、云计算技术在会计核算服务中的应用

云计算技术是一种基于互联网的计算方式，它允许用户通过网络使用多种计算资源，如计算机、存储器、数据库等，而无需购买和维护硬件和软件设施。这种技术的兴起为会计核算服务提供了更加灵活、高效的服务方式。

（一）云计算降低了 IT 成本

在传统的会计核算模式中，企业需要购买大量的硬件和软件设施，还需要支付高额的维护和更新费用，这些成本往往是很高的。而云计算技术的出现，可以通过共享计算资源来减少硬件和软件设施的投入，降低 IT 成本，同时提高系统的可靠性和安全性。

（二）云计算提高了系统的可用性

传统的会计核算模式中，系统的可用性受到硬件和软件设施的限制，例如服务器故障、系统瘫痪等问题时，往往需要花费大量的时间和人力去修复和维护。而云计算技术提供了高可用性的系统架构，可以通过实时备份、容错机制等技术手段来保证系统的稳定性和可用性。

（三）云计算提高了数据处理的速度和精度

云计算技术可以通过大数据分析和机器学习等技术手段来处理海量数据，提高数据处理的速度和精度。例如，在会计核算服务中，可以利用云计算技术来进行财务报表的制作和分析，提高报表的准确性和精度。

二、大数据技术在会计核算服务中的应用

大数据技术是一种处理大规模数据集的技术手段，可以通过对数据进行采集、存储、处理和分析来发现数据的规律性和趋势性。在会计核算服务中，大数据技术也可以发挥重要的作用。具体而言，大数据技术在会计核算服务中的应用可以体现在以下四个方面：

(一)财务数据分析

通过大数据技术,可以对企业财务数据进行更深入、全面的分析,发现数据之间的关系和规律,以便于提供更精准、有价值的财务分析服务。例如,通过对企业的财务数据进行分析,可以发现不同业务板块的贡献率,进而为企业提供更好的战略决策服务。

(二)财务风险管理

通过大数据技术,可以对企业的财务风险进行更加全面、精准的评估和管理,提供更好的风险管理服务。例如,可以通过对企业财务数据的分析,发现不同业务板块、不同客户的风险情况,以便于企业采取更合适的风险控制措施。

(三)自动化会计处理

通过大数据技术,可以实现自动化会计处理,提高会计核算服务的效率和精度。例如,可以利用自然语言处理技术,实现对财务数据的自动分类和归类,减少人工处理的时间和成本,提高会计核算的准确度和可靠性。

(四)财务智能化应用

通过大数据技术,可以实现财务智能化应用,为企业提供更智能化、精细化的财务管理服务。例如,可以通过对企业财务数据的深度挖掘和分析,建立精细化的财务指标和模型,进而为企业提供更科学、合理的财务决策服务。

大数据技术在会计核算服务中的应用,可以帮助企业实现更精准、高效、智能化的财务管理服务,提高企业的核心竞争力。

第四节　事项会计的实践

一、事项会计实践案例

（一）企业介绍

某国际领先航空企业，机队规模、航线规模、营业收入规模居于国内领先地位，常年居于世界 500 强，营业收入、机队规模、航线规模世界领先。随着该航空企业（以下简称"航司"）的规模不断扩大，其在管理上也追求卓越。

（二）管理背景

1. 战略发展要求

该航司将推进内部市场化机制作为企业治理五大原则之一。推行内部市场化机制是战略发展要求。

2. 集中化运营管理的需要

作为交通行业，路权是核心资源。该航司一直在推动内部集中化的航线管理，包括成立了统一的运行指挥中心，统一调配全国的航线；成立销售委员会作为管理组织对内负责所有支撑飞机运营的资源调动；推行内部矩阵式管理，即集团的业务板块总部直管各分子公司的相应部门，所有管理层级的汇报和管理决策下达都跨越了法人条线，直接进行传达和管理。

3. 财务转型要求

该航司已经建成"三位一体"的组织，即实现了战略财务、业务财务、共享服务的财务职能分工。其中业务财务部门负责对内的管理，结合市场化的内部诉求，业务财务部门承担着把责任账算清楚的职责。

4. "不确定性"背景

在外部不确定性增加的背景下，该航司要求要做资源精细化的管理，在企业内部推行"阿米巴"管理机制，实现各个责任单元的内部市场化管理。在推行内部市场化管理的过程中，要求企业的业务部门和财务部门能够按照内部市场化核算要求，把各个责任单元的"责任账"快速、准确地算清楚。基于上述背景要求，用友同该航司展开了关于内部市场化核算的合作，主要目标是提升对内管理会计核算的准确度以及效率。在推进内部管理核算的过程中，主要面对的挑战是对内考核的主体是划小的责任组织，责任组织的管理账需要在最小化增加业财组织工作量的情况下，尽可能自动化计算，并且计算的过程和结果需要做到公平、公正、公开，因为责任组织的核算结果会作为组织及个人绩效考核的重要依据，对责任组织的激励产生影响。

（三）方案设计

1. 内部市场化的理解

价值管理是按照精细化管理思想，运用管理会计工具，以责任单位作为价值创造中心和市场经营主体，把每项业务、每项资产按照市场化模式模拟运营，计算投入产出，形成各单位价值贡献评价，并同考核体系相结合，引导资源合理配置。

从实际出发，公司的利润都来自外部单位，该航司内部单位、部门间的服务不会产生实际收入。该航司希望运用管理会计核算的工具，通过梳理各个业务组织的业务以及内部服务的上下游关系，将能代表本单位产出贡献量化统计，再结合内部市场化定价原则计算内部模拟收入。

2. 内部市场化管理思想

内部市场化模型的原则是将各单位的每项业务或资产都视为独立经营体，该航司按市场化的方式采购相关服务或保障，通过内部模拟计算其价值贡献。

目前该航司采用了"大运行"模式,根据各单位职能定位和业务范围采用化整为零的方式,先建立每项业务价值评估的基础模块,再根据各单位的业务类型自由组合,最终形成评价各单位的价值贡献模型。

(1)"1+8+N"价值评估模块

为保障飞机正常运行,各板块作为服务保障单位,提供客运营销、货运营销、飞行、运行指挥、机务维修、地服、乘务、保卫八项主要服务保障业务,形成销售收入、飞行小时、航班量、旅客量、货邮量、维修工时等业务产出,通过模拟定价将业务产出转化为收入,同时匹配相应的资源占用和成本消耗,形成价值贡献评估结果,即"1+8+N"的价值评估模块。其中:"1"主要是指机关行政单位模块;"8"是指航空主业模块,包括客运营销、货运营销、飞行、运行指挥、机务维修、地服、乘务、保卫八项业务;"N"是指后勤保障特色业务,如出勤楼、IT、基建、食堂、培训等。分子公司的模拟利润,即价值评估,就是公司按市场价向各单位采购这些服务计算为收入,与各单位提供服务保障发生的成本进行比较,产生模拟利润。

(2)矩阵系统价值贡献模型

该航司管理口径的组织具有矩阵概念,即各服务保障单位是由公司保障单位和分子公司保障单位共同构成,因此除评估本单位负责具体生产保障任务的价值贡献,还需要评估其管辖的矩阵系统的价值贡献,构建"1+ $\sum A$"的价值评估模型。例如客运业务价值评估,既包括公司客运业务的价值评估,也包括区域营销中心,分子公司市销部、营业部、办事处等矩阵管理下属单位或子业务的价值评估。

价值贡献点是能为公司带来效益的各项活动,可以大致分为三个方面:基础服务、增值服务和第三方服务。以地服为例,基础服务是指为公司航班提供地面代理服务所获得的模拟收入,增值服务是指开展逾重行李、升舱、保险代理、一人多座等增值服务所获得的模拟收入或实际收入提成，第三方服务是指代理外航服务所获得的实际收入。

（3）事项会计核算设计

内部市场化核算主要是将业务运营单位、分子公司划分为责任单位，全面搭建管理口径的责任体系，将经济效益的指标分解到各责任单位，对收入、成本、费用按核算目的归集，以便于满足该航司对矩阵组织的权、责、利的精细化管理和管理分析的要求。责任会计体系以"责任凭证"形式承载管理口径的内部核算数据，主要包括损益数据的归集与核算。

收入数据来源包括：第一，事项库以原始事项形式从外部系统采集公司外部收入，并驱动事项转换为符合管理、核算、分析需求的规范化数据；第二，内部交易模块通过构建责任单位间的服务交易关系，结合市场化定价原则核算内部模拟收入。

成本费用数据来源包括：第一，事项库从外部系统归集所有运输成本、运营性费用；第二，无法直接落实到具体部门的成本会按照内部管理考核要求暂时归集到某利润中心，再按照一定分摊规则最终进行责任落实。

基于各责任单位凭证数据的归集，在智能分析平台中以责任单位作为考核主体，实现考核单位的精细化管理，助力各责任单位通过内部模拟计算其价值贡献，进行经营盈亏分析与可视化图表呈现，为管理决策提供强有力的支持。

系统的建设路径分为两大建设步骤：基础档案建设和价值展现建设。基础档案建设作为系统内部统一核算、标准化的重要基石，主要包括财务公共部分、事项库财务中台标准事项的基础档案；会计平台的科目对照表、凭证模板自动生成；内部交易的计算规则；多维分摊模型及多维分摊规则等。价值展现建设主要为各项直接、间接费用的业务交易，收入业务交易进行设置、取数，最终形成收入凭证、成本凭证、费用凭证等归口数据。

管理会计口径核算的信息粒度以及时效性要求，决定了平台需要融入新的方法、技术以及技术架构作为支撑，主要包含两个方面：第一，大数据技术。本案例中，前端的业务活动是后端核算的主要信息来源，经济活动里面包含的信息非常丰富和复杂，需要有一种技术手段帮助我们处理海量的数据。同时这种数据也是非结构化的，包括图像、语音，都需要通过大数据技术进行采集和相应的处理。所有前端数据经过财务的业务处理之后，相应产生满足对外披露需求的法定报告和满足对内管理需求的管理会计的报告，实现实时会计闭环；第二，智能动态的会计平台。会计平台不光要满足对内的管理和对外的披露需求，还要适应日常所使用的科目、相应的组织变化，即业务活动发生变化时这个平台能够快速去介入以及适配。

（4）实时会计核算技术逻辑

结合上述设计思路，需要有几个系统共同支撑实时会计核算，主要包括：

进行数据采集的平台：以数据移动、数据仓库、大数据和人工智能等数据加工处理技术为基础，提供数据湖、数据移动、主数据管理、画像标签、关系图谱、智能分析等数据服务。

连接集成平台：提供连接集成网关、连接器及开放 API 的构建与管理、运行状态的可视化监控，在公有云、混合云、私有云环境下连接应用、数据、设备，迅速、便捷地实现服务连接和集成。

基于业务数据的财务大数据平台：用友 BIP 事项会计结合"事项法会计"理论，构建业财融合的数据底座，在多业务系统与会计服务、数据服务之间构建一个"精细、多维、实时"的业务事项数据采集与梳理平台，可利用会计平台把事项库中的事项数据生成多核算目的、不同会计主体的会计服务数据，可利用数据服务实现多维度数据可视。

在业财数据基础上的会计平台：会计平台是会计服务实现财务业务一体化的一个关键应用，对经营业务活动进行有效的描述，形成统一的记账凭证，反映到销售收入、费用、成本等财务科目上，并且通过辅助项目记录完备的经济信息，对各业务系统的业务事项自动生成实时责任凭证。

责任会计核算：责任会计以为企业管理者提供各责任中心履行其经济责任的会计信息为目的，按照责权利相结合的原则和内部管理目标，将企业各个核算单位划分为若干个责任中心，对责任中心的运营结果及时进行准确核算，为管理控制与考核评价、业绩分析提供可靠的基础依据。责任中心通常可以划分为利润中心、成本中心等，在责任组织的基础上进行责任核算，按照内部管理目标，基于内部核算组织、核算口径进行收入、成本归集，对于不能直接明确到责任对象上的收入、成本，通过一定的分拆、结算、还原规则进行后期加工，确认到受益的责任对象上，最后再将不能确认的公共成本进行分摊。

智能数据分析平台：在责任核算的数据基础上，借助智能分析能力，赋能企业数据分析与可视，提供自助式分析和报表能力；支持可视化设计生态环境下的个性化建模，实现浏览态自助分析的数据探索，帮助各层级用户灵活、按需订阅式构建一人千面的分析情境，支持更快、更准、更可用的辅助决策。

（5）会计信息处理逻辑及过程

从数据的全生命周期角度来看，大数据技术支撑了会计信息处理的全过程。

数据采集：现在支持数据采集的技术非常多，而且针对各种各样的系统、数据库可以采用不同的更适配的技术进行相应的数据采集。从技术发展趋势来看，数据不应再通过传统的点对点的方式进行集成，应该采用平台化的方式完成数据集成的工作。在数据采集阶段，可以应用数据移动、数据湖等技术作为支撑。

数据转换：数据转换的内容包括基础数据的转换和业务数据的转换两个层面。基础数据的转换本质上是财务主数据的梳理与转换过程。航空企业是重资产行业，其内部的业务系统数量众多，主数据管理非常具有挑战性。在搭建财务核算体系时，先进行 IT 系统的调研，确立财务应用的主数据来源系统与标准。在主数据的标准确立之后，不同来源的业务系统需要按照此标准进行映射转换。然后是业务数据的采集和转换，按照事项会计理论，在确定数据来源的外部系统之后进行相应业务事项的梳理，业务事项再向财务事务进行转换。

转换的主要步骤如下：第一，明确责任核算需要的业务系统和具体的字段，实现业务字段提取来源的确认。第二，对于多个系统采集的数据，需要确定唯一主键，通过唯一主键串联各个系统中的信息。例如：责任核算需要对人力成本进行明细的计算，需要获取人员所属责任组织、法人公司、职级、职务、办公地点等信息，上述信息可能存在于 HR 系统、物业系统、合同系统等多个系统内，这时可通过"员工工号"作为唯一主键，通过员工工号将各个系统的字段进行拼接，形成多维的信息描述，供不同目的核算应用。第三，业务事项向财务事务的转换。数据采集进入事项中心之后，成为业务事项，具备了向财务口径转换的基础。向会计事务转变过程中，业财人员提供相应事务的标准，如为完成内部结算所需的字段，为完成内部分摊所需的分摊动因等，根据提供的事务标准在事项中心注册会计事务，从业务事项向会计事务进行转换，在转换的过程中就完成了业务数据向财务数据的转换。在业务事项到会计事务转换过程中是不会进行汇总合并处理的，转换的数据颗粒度为交易级的明细数据，前端业务系统的业务字段信息都将转换为财务数据。第四，数据的处理。在会计事务处理阶段就形成了分录，但不是传统的会计分录。传统的会计分录可记录的颗粒度有限，每一条记录的辅助核算项（维度）也非常有限，但事项分录里面包含了丰富的业务信息和财务信息。财务信息主要是财务核算所需的基本信息，包括原币种类、金额、实体、期间等；业务信息包含了丰富的业务字段，如内部收入的事项分录包含了产生收入的机型、机尾号、乘务长、乘务员的级别等；内部分摊的事项分录包含了分摊的动因等。

数据的应用：数据可以按照不同的层级进行个性化应用。业财部门要求按照财务核算的标准进行数据的呈现，因此数据处理的结果可以按照凭证、账簿以及报表的方式供财务部门人员使用；管理层希望看到的是综合性、可视化的数据，系统可以将丰富的事项信息进行可视化的呈现，辅助管理层进行战略决策；业务经营层人员希望能够快速进行建模，进行自助式分析，智能分析系统可以通过智能分析，支持业务经营层人员可视化建模，实现浏览态自助分析的数据探索。

（四）方案价值

航司责任会计核算体系的建立是一个长期的过程，体系的梳理要遵循"整体规划"的原则，从全局角度进行考虑。在系统落地层面，要按照"分步实施、适度超前"的原则，分阶段稳扎稳打实现涵盖各个责任中心、各个层次的业务以及信息化系统架构，并且在推进过程中，结合航空业经营管理和业务操作特点以及航司的实际需求，以规划为先导、以需求为导向、以网络为基础、以应用为重心、以效益为目标、以数据为核心，整合各种信息化资源，提升信息化职能，服务企业大局，搭建一个较为先进的信息化平台，为企业的高速发展提供必要的决策数据。此方案的价值突出体现在以下三个方面。

1. 财务业务处理模式的创新

"流程型"转化为"数据驱动型"的业财融合：过去单据是流程的信息载体，流程的连续性表现为单据的连续性，但在会计处理过程中业务的大量信息丢失，只满足了对外披露和核算的需要，不能满足内部管理需求；现在在流程联系的基础上，大量的业务信息被携带到财务端，支持多种数据消费。

2. 财务中台架构的创新

事项会计提供了全新的业财融合模式，解耦业务系统与财务系统之间的关系，搭建业财融合的桥梁。

3. 财务技术应用的创新

一是数据级、多系统、混合云的集成方式；二是融合大数据技术，处理的数据量更大、数据类型更加广泛；三是平台化的集成方式，支持多元异构一同集成，平台具有扩展能力，可以快速实现系统的数据集成。

二、事项会计价值总结

在新技术和新商业模式的影响下，财务的核心价值、服务特性、组织职能、服务对象等都会发生巨大变革。从传统的对外的财务会计转向管理会计、转向数据服务，财务最终要构建企业大数据中心、数字神经系统，核心价值是走向全面商业数据服务。会计服务基于大智物移云等新技术、社会化商业新模式以及事项法会计理论，构建起基于事项库的业财融合底座，多核算目的的财务会计与管理会计的实时核算，以及实时报表分析的新核算平台，帮助企业搭建实时、精细、多维、可视、智能的新财务体系，助力企业财务数字化转型。

（一）建设"财务大数据中心"的基础

"财务大数据中心"是企业数字化转型的重要组成部分。推动会计工作从以流程为中心，转向以数据为中心，是建设"财务大数据中心"的基础。传统的财务会计流程中，会计人员通常需要按照一定的流程进行数据的录入、核算和报告等工作，但这种方式往往存在许多缺陷，例如信息孤岛、数据不一致等问题。因此，建设"财务大数据中心"需要充分释放会计的信息加工能力，让会计人员能够更好地利用数据进行决策和管理。

（二）深度灵活的业财融合

传统的财务会计和管理会计存在着明显的界限，不能够很好地满足企业的实际需求。因此，建设"财务大数据中心"需要实现深度灵活的业财融合，包括数据融合和业务穿透。数据融合是指将来自不同业务系统的数据进行整合，形成全局性的数据视图，以便企业更好地进行决策和管理。

业务穿透是指将财务会计和管理会计相互穿透，使财务会计和管理会计数据能够相互交流和关联，以更好地反映企业的实际情况和经营特点。

（三）会计记录的实时高效

传统的财务会计往往存在着时间滞后性，无法及时反映企业的实际情况。因此，建设"财务大数据中心"需要实现会计记录的实时高效。伴随经济业务的发生，会计记录应当实时生成、实时报告，以确保财务信息的及时性和准确性。同时，会计记录的实时高效也可以帮助企业更好地预防和应对财务风险。

（四）精细多维的会计数据

传统的财务会计往往存在着价值型会计数据壁垒，难以满足企业对于精细化和多维度会计数据的需求。因此，建设"财务大数据中心"需要实现精细多维的会计数据。打破价值型会计数据壁垒，实现事项级会计数据的记录计量，以及实现会计数据精细化、多维度的终极目标，以更好地反映企业的实际情况和经营特点。

（五）实现财管同源

实现财管同源是指基于同一经济业务数据生成的事项级会计数据，可以同时满足财务会计数据及管理会计数据的要求。传统的财务会计和管理会计往往存在着数据孤岛和信息不对称的问题，导致企业无法全面地了解自身的财务状况和经营成果。因此，建设"财务大数据中心"需要实现财管同源，使得企业能够全面、准确地了解自身的财务和经营情况，为企业的决策制定提供更好的支持。

在实现财管同源的过程中，需要充分利用新技术和新模式，采用数据融合和业务穿透的方式，实现财务会计和管理会计的整合。具体而言，可以通过以下三个方面实现财管同源：

1. 采用统一的数据标准

采用统一的数据标准使不同部门之间的数据可以无缝地连接和共享，

实现数据融合。同时，采用统一的数据标准还可以减少数据处理的复杂性和错误率，提高数据质量和准确性。

2. 建立多层次的数据模型

建立多层次的数据模型可以实现数据的多维度和多层次的组织和管理，满足不同层次、不同领域的数据需求。同时，多层次的数据模型还可以实现数据的业务穿透，使得管理层可以通过数据模型直接了解业务层面的情况，为决策提供更全面的依据。

3. 采用智能化的数据分析技术

采用智能化的数据分析技术可以对数据进行深度挖掘和分析，发现其中的规律性和趋势性。同时，智能化的数据分析技术还可以提供多维度的报表分析，帮助管理层更好地理解企业的财务和经营状况，为决策提供更准确的参考。

实现财管同源需要建立统一的数据标准、多层次的数据模型和智能化的数据分析技术，以更好地实现财务会计和管理会计的整合。同时，也需要企业内部各个部门之间的紧密合作和沟通，共同推动财务数字化转型的进程。

第五节　现代企业制度下的企业会计模式

随着经济技术的不断快速发展，不断改进和完善现代企业制度对于推动我国企业现代化的发展进程具有至关重要的作用。随着网络时代的到来，传统的会计模式已很难适应现代企业的发展需要。因此，我们应不断地研究与分析现代企业制度下的企业会计模式，让现代的会计模式适应现代社会经济环境以及企业的发展需要。

一、企业会计机构

会计机构是企业会计模式的重要组成部分,包括内部会计机构和外部会计机构。内部会计机构是指企业内部设置的会计部门,负责企业的日常会计核算和财务管理工作;外部会计机构是指企业委托的会计师事务所或审计机构,负责企业的审计和评估工作。在企业会计模式中,会计机构的设置与运作是确保企业财务安全、保证财务信息真实可靠的重要保障。

(一)内部会计机构的设置

内部会计机构是指企业内部设置的会计部门,负责企业的日常会计核算和财务管理工作。内部会计机构的设置和运作直接影响企业的财务安全和财务信息的真实可靠。内部会计机构的设置应该根据企业的规模和业务特点进行科学合理的安排。

1. 会计部门的设置

会计部门是企业内部会计机构的核心部门,负责企业的日常会计核算工作。在大型企业中,会计部门通常被设置为财务部的一个子部门,由财务总监或财务经理直接领导。在中小型企业中,会计部门可能被设置为财务部的一个职能部门,或者直接设置为企业的一个职能部门。

2. 会计人员的配置

会计人员是会计部门的核心力量,对于企业的财务信息的真实可靠起着关键作用。因此,会计人员的配置应该根据企业的规模和业务特点进行科学合理的安排。在大型企业中,会计部门通常需要配置一定数量的专业会计人员,其中包括高级会计师、会计师、会计助理等职位。在中小型企业中,会计部门通常需要配置一定数量的会计人员,其中包括会计主管、会计文员等职位。

3. 会计制度的建立和完善

会计制度是企业内部会计机构的基础,对于企业的财务信息的真实可靠起着关键作用。因此，会计部门需要根据企业的实际情况建立和完善相应的会计制度。会计制度应该包括会计核算制度、财务报告制度、内部控制制度等内容。

（二）外部会计机构的设置

外部会计机构是指由独立的会计服务机构、审计机构和税务机构等组成的一系列服务机构。外部会计机构的设置对于企业的会计体系建设和财务管理具有重要的影响，因为它们可以提供专业化的会计服务和支持，使得企业能够更好地满足会计信息披露、税务申报、审计监管等方面的需求，提升企业的财务透明度和信誉度。

1. 会计服务机构

会计服务机构是为企业提供会计咨询、会计代理、会计外包等服务的机构。企业可以委托会计服务机构处理企业的会计事务，包括会计凭证的编制、账务处理、会计报表的编制等，以减轻企业自身的负担，提高工作效率和准确性。

2. 审计机构

审计机构是为企业提供审计、评估等服务的机构。企业可以委托审计机构对其财务报表进行审计，以确保财务报表的真实性和准确性。审计机构可以发现企业财务报表中存在的问题和风险，并提出建议和意见，帮助企业改进财务管理和风险控制。

3. 税务机构

税务机构是负责征收和管理企业税务的机构。企业需要向税务机构申报税务信息和缴纳税款，税务机构会对企业的纳税情况进行监管和审计。税务机构还可以为企业提供税务咨询服务，帮助企业了解税收政策和规定，遵守相关法律法规，减少税收风险和负担。

外部会计机构的设置可以使企业更好地处理会计事务、增强财务透明度、降低财务风险、提升企业信誉度。同时，外部会计机构也可以为企业提供更为专业化、高效化的服务，使企业能更加专注于自身的核心业务，提高企业的市场竞争力。

二、现代企业制度下企业会计模式中存在的问题

（一）财务基础薄弱，财务控制力差

1. 财务基础薄弱

财务基础薄弱是指企业财务管理人员的素质较低，管理经验不足，导致企业无法准确掌握财务状况和运营情况。财务基础薄弱的原因主要有以下四点：

（1）人才缺乏

由于财务工作需要专业知识和经验，因此对于财务人才的需求非常高。然而，目前财务人才的培养还存在很大的问题，特别是对于中小企业来说更为明显。因此，企业在财务管理方面往往缺乏专业的人才支持，这就导致企业的财务管理水平低下。

（2）培训不足

现在很多企业对财务管理的重视程度不高，缺少对财务管理人员的培训。这使得财务管理人员的素质和技能不能得到有效提升，导致财务管理水平无法提高。

（3）制度不健全

财务管理需要严格的制度来规范，如果企业的制度不健全，就难以准确掌握财务状况和运营情况。一些企业制度的建立和实施不够严格，导致财务管理效果不佳。

（4）信息化水平低下

现代企业已经进入了信息化时代，而财务管理也需要依托信息化技术来提高效率和准确性。但是，许多中小企业在信息化方面的投入较少，信息化水平低下，难以有效地开展财务管理工作。

2.财务控制力差

财务控制力差是指企业在财务管理方面没有明确的管理目标和制度，财务管理人员也没有足够的权利和能力进行有效控制，导致财务管理的效果不佳，企业在财务方面存在各种问题和风险。财务控制力差的原因主要包括以下四个方面：

（1）财务管理目标不明确

有的企业在财务管理方面缺乏明确的目标和指标，无法衡量财务管理的效果和成效。财务管理人员缺乏对企业财务状况的全面了解，无法进行有效的预算和预测，也无法根据企业实际情况制定合理的财务目标和计划。

（2）财务管理制度不完善

有的企业在财务管理方面缺乏完善的制度和规范，财务管理制度缺乏科学性和系统性，无法为企业的财务管理工作提供有效的指导和支持，也无法对企业财务状况进行有效监管。

（3）财务管理人员能力不足

个别企业在财务管理方面缺乏专业的财务管理人员，或者财务管理人员缺乏足够的能力和素质进行有效的财务管理。如果财务管理人员缺乏对企业业务和财务状况的全面了解，就无法有效地预测和控制风险，也无法有效地制订和执行财务计划和目标。

（4）财务信息不透明

有些企业在财务信息披露方面存在不透明的情况，缺乏对外公开的财务报告和信息，导致外部利益相关方无法了解企业财务状况和经营成果，也无法对企业的财务状况进行有效监督和控制。

（二）企业财会人员风险意识弱

企业财会人员风险意识弱也是当前企业会计模式存在的一个重要问题。

1.企业财会人员风险意识弱的表现

企业财会人员风险意识弱的表现主要有以下几个方面：

对风险的理解不够充分：企业财会人员对于风险的认识和理解不够深入，往往只是停留在表面，缺乏对于风险的全面分析和评估能力。

对风险的预防和控制不够到位：企业财会人员缺乏对于风险的预防和控制意识，往往在事故发生后才采取措施，不能及时发现和预防风险。

对法律法规的了解不够充分：企业财会人员对于相关的法律法规了解不够充分，缺乏对法律法规的理解和应用能力，容易犯错或违规操作。

对企业内部控制制度的遵守不够严格：企业财会人员对于企业内部控制制度的遵守不够严格，存在违规操作或失误。

缺乏诚信意识：企业财会人员缺乏诚信意识，可能存在不正当的财务操作或利用职权谋取私利等行为。

2. 企业财会人员风险意识弱的原因

企业财会人员风险意识弱的原因主要有以下几个方面：

教育培训不够到位：企业缺乏针对财务人员的风险意识教育和培训，缺乏提高财务人员风险意识的途径和方法。

知识储备不足：企业财务人员缺乏必要的财务知识和相关专业技能，无法深入理解和分析风险，也无法有效地进行风险预防和控制。

利益诱惑：企业内部存在利益诱惑和不公正行为，容易导致财务人员出现违规行为，从而降低了他们对于风险的敏感度和认识。

激励机制不足：企业缺乏有效的激励机制，未能激发财务人员对于风险的敏感性和责任心，导致财务人员对于风险的认识和意识存在较大的差距。

法律意识薄弱：企业财务人员的法律意识薄弱，不了解法律法规对于企业财务管理的要求和规定，容易犯规和违法。

以上原因都会导致企业财务人员对风险的认识和意识存在缺陷，无法有效地进行风险管理和控制，从而影响企业的经济效益和企业价值的实现。

(三)财务会计人员综合素质不高

1. 现代企业制度下财务会计人员综合素质不高的表现

现代企业制度下,财务会计人员综合素质低的表现主要有以下几个方面:

专业技能不足:财务会计人员缺乏财务、税务、审计等方面的专业技能,不能胜任工作,财务报表等财务报告制作不准确,财务数据处理不规范等。

缺乏专业知识:财务会计人员对财务会计知识体系的掌握不足,对会计法律法规的理解不深入,会计规范执行不严格,导致会计记录不准确,账目混乱。

缺乏团队精神:财务会计人员缺乏团队意识,沟通协调不够,无法与其他部门进行有效合作,不能共同推动企业财务管理水平的提升。

工作态度不端正:财务会计人员的工作态度不够端正,缺乏责任感和使命感,工作效率低下,对工作中的错误不认真对待,对审计等检查部门的工作不够支持,影响企业的形象和声誉。

2. 现代企业制度下财务会计人员综合素质不高的原因

现代企业制度下,财务会计人员综合素质低的原因主要有以下几个方面:

培训机制不健全:企业对财务会计人员的培训机制不够健全,没有明确的培训计划和目标,缺乏培训资源和培训渠道。

绩效考核不公:企业绩效考核机制不够完善,财务会计人员的工作绩效评价不公正,导致财务会计人员对自己的职业发展缺乏足够的信心和动力。

3. 提高财务会计人员综合素质的方法

为了解决现代企业制度下财务会计人员综合素质低的问题,可以采取以下措施:

完善培训机制：建立健全的财务会计人员培训机制，制定培训计划和目标，加强培训资源和培训渠道的开发，提高财务会计人员的职业素养和综合能力。

改善绩效考核机制：建立公正合理的绩效考核机制，加强对财务会计人员的评价和奖惩措施，充分激发财务会计人员的工作积极性和创造性。

加强企业内部管理：加强企业内部管理，建立健全的内部控制制度，规范企业的经营行为，为财务会计人员提供良好的工作环境和发展空间，提高他们的工作积极性和工作质量。

三、现代企业制度下财务会计模式的转变

（一）建立多元化的现代企业财务会计目标模式

现代企业制度下，建立多元化的财务会计目标模式是财务会计模式转变的重要方向。传统财务会计模式主要以财务报表为核心，以准确反映企业财务状况和经营成果为目标，忽略了其他重要目标的影响。现代企业制度下，随着经济、社会、文化等因素的复杂变化，企业所面临的风险和挑战也更为复杂，单一的财务目标已经不能完全满足企业的需求。

因此，建立多元化的现代企业财务会计目标模式是必要的。该模式包括以下四个方面：

1. 资金流动性目标

资金流动性是企业生存和发展的基础，因此应将资金流动性作为财务会计目标之一。企业应合理规划资金流动性，并制定相关的财务政策和控制措施，确保企业在不同的经济情况下都能维持良好的资金流动性。

2. 利润最大化目标

利润最大化是企业的重要目标之一，可以通过不断提高营业收入和控制成本来实现。企业应注重利润最大化目标的实现，但也应注意承担社会责任和维护企业形象。

3.风险管理目标

风险是企业面临的不可避免的挑战,企业应将风险管理作为财务会计目标之一。企业应建立健全的风险管理体系,识别、评估和应对各类风险。

4.市场占有率目标

市场占有率是企业的重要目标之一,可以通过提高产品质量、降低价格、加强市场推广等方式来实现。企业应注重市场占有率目标的实现,但也应注意竞争环境和消费者需求的变化。

建立多元化的现代企业财务会计目标模式是财务会计模式转变的重要方向,可以更全面、准确地反映企业的财务状况和经营成果,为企业的持续发展提供重要支持。

（二）建立现代化企业财务会计工作模式

现代企业制度下,财务会计模式需要适应新的经济形势和企业发展需求,建立现代化企业财务会计工作模式,以提高企业财务会计工作的效率和质量,促进企业经济发展和竞争力提升。

1.实现财务会计工作的数字化、信息化和智能化

现代化企业财务会计工作模式需要将财务会计工作数字化、信息化和智能化,借助先进的信息技术手段,实现财务数据自动采集、处理、分析和报告。例如,通过建立ERP系统,实现财务数据的集成管理和自动化处理;采用云计算和大数据技术,实现财务数据的实时共享和分析;应用人工智能技术,提高财务数据处理和分析的精度和效率。

2.建立风险管理导向的企业财务会计工作模式

现代化企业财务会计工作模式需要建立风险管理导向的工作模式,通过制定风险管理策略和措施,实现对企业财务风险的识别、分析、评估和控制。例如,建立完善的内部控制制度和风险管理体系,加强对企业财务风险的监督和管理;采用风险管理工具和技术手段,提高对财务风险的识别和评估能力;建立风险管理信息化平台,实现对风险信息的实时监控和

管理。

3. 实现财务会计工作与企业经营决策的紧密结合

现代化企业财务会计工作模式需要实现财务会计工作与企业经营决策的紧密结合，通过建立财务会计信息化平台和智能化分析工具，为企业管理层提供准确、及时、全面的财务数据和分析报告，支持企业经营决策的制定和实施。例如，建立财务会计信息共享平台，实现对企业财务数据的实时共享和分析；应用数据挖掘和机器学习技术，提高财务数据分析的精度和效率；开发智能化分析工具，为企业管理层提供多维度、动态化的财务数据分析和决策支持。

4. 推动财务会计工作向价值导向转变

现代化企业财务会计工作模式还需要向价值导向转变，即将财务会计工作与企业的战略和价值创造紧密结合起来，通过财务会计信息的分析和运用，提高企业的价值创造能力和核心竞争力。具体措施包括：

建立绩效评价体系：建立与企业战略目标相匹配的绩效评价体系，以激励财务会计人员创造更大的企业价值，也可以更好地衡量财务会计工作对企业的贡献。

实施成本管理：通过成本管理，合理控制企业各项成本，提高资源利用效率，增强企业盈利能力。

强化财务会计信息的分析和运用：财务会计信息应该作为企业决策的重要依据，通过数据挖掘、预测分析等技术手段，对财务会计信息进行深入挖掘和分析，为企业提供更加准确、可靠的决策支持。

推广共享会计服务：将财务会计服务向企业内部和外部扩展，通过共享会计服务，帮助企业降低成本、提高效率，同时也可以提升财务会计服务的专业水平和核心竞争力。

强化风险管理：建立完善的风险管理机制，通过对财务风险进行全面分析和控制，有效预防和应对企业可能面临的各种风险，提高企业的稳健性和安全性。

现代企业制度下财务会计模式的转变需要从传统的以历史成本为基础的财务会计转向以现代企业管理理念为基础的价值导向的财务会计，实现财务会计与企业战略、价值创造的紧密结合，同时需要强化财务会计人员的综合素质，提高其专业能力和职业道德水平，从而为企业的可持续发展提供坚实的支撑。

（三）加强财务会计工作的监督检查力度

加强财务会计工作的监督检查力度是现代企业制度下财务会计模式转变的重要方面。为了确保企业财务会计工作的规范、准确和可靠，需要加强对财务会计工作的监督和检查。具体来说，需要从以下四个方面加强监督检查力度：

1. 加强对财务会计工作的监督和评估

需要建立完善的财务会计工作监督和评估机制，制定科学合理的评估指标，对企业的财务会计工作进行全面、准确、客观的评估，并及时反馈评估结果，以便企业能够及时发现问题，进行改进和提升。

2. 加强对财务会计工作的审核和审计

企业需要加强对财务会计工作的审核和审计，建立完善的内部审核机制和外部审计机制，对企业的财务会计工作进行全面、深入的审核和审计，发现问题并及时进行整改和改进，确保财务会计工作的准确性和可靠性。

3. 加强对财务会计人员的培训和考核

企业需要加强对财务会计人员的培训和考核，提高财务会计人员的专业水平和工作能力，促进其不断提升自我素质和工作能力，从而确保企业财务会计工作的高效运转和规范管理。

4. 加强对财务会计工作的信息化建设

企业需要加强对财务会计工作的信息化建设，通过引入先进的信息技术手段，实现财务会计工作的数字化、自动化和智能化管理，提高工作效率和质量，降低财务会计工作的出错率和误差率，确保财务会计工作的精准和可靠。

加强财务会计工作的监督检查力度，可以帮助企业实现财务会计工作的规范管理和高效运转，提高财务会计工作的质量和水平，从而为企业的发展提供有力的支撑和保障。

第五章
新时期会计信息质量标准的发展

第一节 新时期会计质量特征分析

会计信息的提供要符合国家宏观经济管理的要求，满足信息使用者了解企业财务状况和经营成果的需求，满足企业加强内部经营的需要，这就需要提高会计信息质量。

一、会计信息质量的内涵

会计信息质量是指会计信息反映企业经济事实的准确性、可靠性、可比性、及时性、完整性和合规性等方面的综合表现。其中，准确性是指会计信息反映的经济事实与实际情况相符合的程度；可靠性是指会计信息能够反映企业的真实情况，不受错误或欺诈信息的干扰，可比性是指会计信息能够比较不同时间、不同企业或不同部门之间的财务状况和经营成果；及时性是指会计信息在反映经济事实时的时间性，即会计信息能够及时反映企业的经营状况和财务状况；完整性是指会计信息应该完整反映企业的财务状况和经营成果，不应该遗漏任何与企业经营活动有关的重要信息；合规性是指会计信息应该符合相关的法律法规和会计准则，不应违反法律法规和会计准则的规定。

会计信息质量的高低直接关系企业的经营和管理，也是衡量企业治理水平和信誉度的重要指标。因此，企业应该不断提高会计信息质量，采取措施保障会计信息的准确性、可靠性、可比性、及时性、完整性和合规性，为企业的决策和经营提供可靠的基础数据和参考依据。

二、新时期会计信息质量的特征

（一）准确性

准确性是指会计信息反映的经济事实与实际情况相符合的程度。会计信息的准确性是会计质量的基础，如果会计信息不准确，将会导致企业做出错误的决策。具体而言，需要注意以下几个方面：

首先，要确保会计信息的来源正确、完整。会计信息应该来源于企业的经济业务活动，而不是凭空捏造或假冒。同时，在记录会计信息时，应该记录所有相关的信息，以确保会计信息的准确性。

其次，要注重会计信息的精确计算。在计算会计信息时，必须遵循会计准则和会计规范，采用科学、严谨的方法进行计算和处理。例如，在计算资产减值准备时，需要考虑多种因素，如市场环境、经济形势等，以保证准确性。

再次，要避免任何形式的错误和误差。任何错误和误差都可能对会计信息的准确性造成影响，因此需要进行充分的审核和校对。例如，在核对财务报表时，需要反复核对，以确保每一笔数据的准确性。

最后，要持续监测和评估会计信息的准确性。会计信息是随着时间推移而变化的，因此需要对会计信息进行持续监测和评估，及时发现和纠正可能存在的错误和偏差，以保证会计信息的准确性。

会计信息的准确性是会计信息质量的基础，需要遵循会计准则和会计规范，采用科学、严谨的方法进行核算和处理，注重审核和校对，持续监测和评估会计信息的准确性，以保证会计信息反映的经济事实与实际情况相符合。

（二）可靠性

可靠性是指会计信息的真实性、可信性和稳定性。它反映企业的真实情况，不受任何错误或欺诈信息的影响，即经过审计和验证后，能够被证实是真实可信的。可靠性是保证会计信息质量的重要保障之一，是企业作出正确决策和提升企业信誉度的重要基础。

保证会计信息可靠性的方法包括：第一，严格的内部控制制度。企业应建立完善的内部控制制度，确保会计信息的真实性和准确性。第二，审计和核查。企业应委托独立的审计机构对会计信息进行审计，确保会计信息的真实性和准确性。第三，监督检查。企业应加强对会计人员的监督检查，避免发生财务舞弊等问题。第四，强化会计人员职业道德。会计人员应严格遵守职业道德规范，保证会计信息的真实性和准确性。

可靠性是会计信息质量的重要保障之一，只有保证会计信息的可靠性，才能为企业提供真实、可信、稳定的会计信息，提高企业的决策能力和信誉度。

（三）可比性

可比性是指会计信息能够比较不同时间、不同企业或不同部门之间的财务状况和经营成果。可比性是企业财务信息的重要属性，只有具备可比性的会计信息，才能为企业提供准确的财务分析和决策依据。

在实际操作中，可比性需要满足以下要求：第一，会计信息应当采用一致的会计政策和准则，确保在不同时间、企业或部门之间采用相同的计量标准；第二，会计信息应当包含足够的披露信息，确保财务报表的用户能够对企业进行全面的比较分析；第三，会计信息应当采用相同的货币计量单位，以便在不同时间和地点进行比较；第四，会计信息应当采用统一的数据来源，如统一的账务系统和数据录入方法，确保数据的一致性和准确性；第五，会计信息应当采用统一的会计周期，如年度、季度或月度，以便比较不同时间段内的财务状况和经营成果。

可比性的实现可以为企业的财务分析提供更加准确和全面的基础，为企业决策提供更加科学的支持。因此，在会计信息的编制和披露中，应当注重提高可比性，从而为用户提供更加有价值的信息。

（四）及时性

及时性是指会计信息在反映经济事实时的时间性，即会计信息能够及时反映企业的经营状况和财务状况。及时性是保证会计信息对企业决策发挥作用的重要保障，只有具备及时性的会计信息，才能为企业提供及时的决策参考。

会计信息的及时性可以通过以下五个方面保障：第一，及时收集数据。企业应该及时收集经济业务数据，并建立数据管理体系，确保数据的及时性和准确性。第二，及时记录会计凭证。企业应该及时记录会计凭证，确保经济业务的及时入账和核算。第三，及时编制财务报表。企业应该及时编制财务报表，确保会计信息能够及时反映企业的经营状况和财务状况。第四，及时分析会计信息。企业应该及时分析会计信息，发现经营风险和问题，并及时采取措施加以解决。第五，及时反馈决策信息。企业应该及时将会计信息反馈给决策者，为企业的决策提供及时、准确的参考依据，促进企业的决策效率和决策质量。

为了保障会计信息的及时性，企业需要建立完善的会计信息管理制度，制定明确的会计信息收集、处理、分析和反馈流程，同时提供先进的会计信息系统和技术支持，提高会计信息处理的效率和准确性。另外，企业还需要加强人员培训，提高财务人员的专业水平和业务能力，增强财务人员对会计信息及时性的重视程度和意识，从而保证会计信息的及时性和质量。

（五）完整性

会计信息的完整性是指会计信息反映的内容应该完整、全面，包括企业的所有经济业务、所有权益和所有负债。完整性是保证会计信息质量的重要保障，如果会计信息不完整，将会影响企业的决策和信誉。以下是保障会计信息完整性的主要方法：第一，建立科学的会计制度。企业应该建立科学的会计制度，包括完整的会计核算科目、账户、记账方法和报表等，确保会计信息能够完整反映企业的财务状况和经营成果。第二，落实内部控制制度。企业应该落实内部控制制度，制定标准的会计核算流程和审批制度，确保每个环节都有严格的控制和监督，避免会计信息遗漏。第三，加强会计核算和报表审核。企业应该加强会计核算和报表审核，确保所有的经济业务都能够被核算和记录、所有的财务报表都能够完整准确地反映企业的财务状况和经营成果。第四，定期进行财务审核。企业应该定期进行财务审核，以发现会计信息的遗漏和错误，并及时进行纠正和补充，确保会计信息的完整性。第五，建立信息共享平台。企业应该建立信息共享平台，确保企业内部各部门之间的信息共享和协调，避免会计信息的遗漏和误差。

（六）合规性

会计信息的合规性是会计信息质量的重要保障之一，可以从以下四个方面来保障：第一，遵守法律法规和会计准则。企业应该遵守相关的法律法规和会计准则，确保会计信息的合规性。例如，企业应该按照《企业会计准则》及相关法律法规的规定进行会计核算和财务报告编制，确保会计信息的合规性。第二，建立内部控制制度。企业应该建立内部控制制度，确保会计信息的合规性。内部控制制度包括财务制度、财务管理制度、财务风险管理制度等，这些制度可以规范企业的财务管理行为，防止会计信息的违规操作。第三，加强审计监督。企业应该加强审计监督，确保会计信息的合规性。审计是一种外部监督方式，通过对企业的财务状况和经营成果进行审计，发现和纠正会计信息的违规行为，保证会计信息的合规性。第四，增强道德意识。企业及会计人员应该增强道德意识，确保会计信息的合规性。会计人员应该遵循职业道德和职业操守，不得违反法律法规和会计准则的规定，确保会计信息的合规性。

会计信息的合规性是会计信息质量的重要保障之一，企业应该遵守法律法规和会计准则，建立内部控制制度，加强审计监督，增强道德意识，确保会计信息的合规性。

三、会计信息质量的评价及影响因素

（一）会计信息质量评价体系及评价标准

会计信息质量是指会计信息具备的能够满足使用者需要的内在品质。会计信息能否满足使用者的需要，取决于会计信息的质量。为此，企业需要借助会计理论，设置一个科学完整的会计信息质量评价体系，保证会计信息的质量。会计信息的质量要求通过会计信息质量标准来表现，因此在这个体系中，会计信息质量的评价标准就十分重要。

1.会计信息质量评价要素

完整的会计信息质量评价体系应包括评价主体、评价客体、评价指标、评价目标。

（1）评价主体

评价主体是指进行会计信息质量评价的人或机构，包括企业的管理层、内部审计部门、外部审计师、投资者、监管机构等。评价主体根据其所处的角色和职责，对会计信息质量进行评价，对企业的经营决策、投资决策和监管决策产生重要影响。评价主体对会计信息质量的评价应该客观公正、遵守相关的法律法规和职业道德规范，确保评价结果的可信度和准确性。同时，评价主体也应该具备一定的专业知识和技能，以保证评价结果的专业性和科学性。

（2）评价客体

评价客体是指被评价的会计信息。会计信息质量的评价客体包括财务报表、财务报告、会计档案等。

财务报表是企业财务状况和经营成果的主要反映工具，包括资产负债表、利润表、现金流量表、所有者权益变动表等。

财务报告是企业对外披露财务信息的主要形式，包括年度报告、中期报告、季度报告等。

会计档案是记录企业财务业务的重要文件和资料，包括原始凭证、账簿、报表、审计报告、税务报表等。

评价客体的质量直接影响评价结果的准确性和可信度。因此，在进行会计信息质量评价时，需要充分考虑评价客体的特点和质量问题，对评价方法和指标进行合理选择和设计。

（3）评价指标

评价指标是用来衡量评价客体的一系列标准，有助于评价主体作出分析判断和决策的评价客体的具体方面，就构成了我们的评价指标，这些指标组合起来，就能全面地反映评价客体，这也就构成了指标体系。

（4）评价目标

评价目标是会计信息质量评价的核心，它是评价的出发点和归宿，评价目标的确定应该基于评价主体的需求和评价客体的特征。评价目标既要体现会计信息质量的基本特征，也要具有针对性和实用性。常见的会计信息质量评价目标包括：第一，提高决策效果。评价目标是使会计信息对决策者的决策产生积极的影响，提高决策效果，增强企业的竞争力。第二，保护投资者利益。评价目标是保护投资者的利益，使投资者能够对企业的经营状况和财务状况作出准确的评估，减少投资风险。第三，促进企业治理。评价目标是促进企业治理的规范化和透明化，提高企业的信誉度和社会形象，增强企业的社会责任感。第四，满足监管需求。评价目标是满足监管机构对企业财务信息的监管需求，使企业能够合规经营，遵守相关法律法规。第五，促进信息披露。评价目标是促进企业的信息披露，使企业的财务信息能够公开透明，提高投资者对企业的信任度和信心。第六，改善内部管理。评价目标是改善企业内部管理，提高内部决策的准确性和效率，促进企业的持续发展。

2. 会计信息质量评价标准

由于自身的特性，会计信息的质量无法采用一般的技术方法进行测量，会计信息质量评价标准是评价会计信息质量的基础，会计信息质量评价标准对于保证会计信息的准确性、可靠性、可比性、及时性、完整性和合规性具有重要意义。会计信息质量评价标准主要包括三个方面，即准则、方法和程序。

（1）准则

准则是会计信息质量评价标准的基础。准则主要包括以下四个方面：

①法律法规准则：法律法规是评价会计信息质量的基础，会计信息必须符合国家和地方的相关法律法规规定。例如，会计准则、税法、证券法、公司法等。

②会计准则：会计准则是保证会计信息质量的基本准则，会计信息必须按照国家制定的会计准则规定进行记录、报告和披露。

③行业准则：不同行业有不同的会计处理规范和行业标准，会计信息的质量评价应该根据不同的行业进行不同的评价。

④内部控制准则：企业内部控制制度的健全与否直接影响会计信息的质量。因此，会计信息质量评价应该对企业的内部控制制度进行评价。

（2）方法

方法是会计信息质量评价标准的具体实施方式。方法主要包括以下四个方面：

①采用定量分析和定性分析相结合的方法，既注重数据分析和计算，又注重对会计信息的质量特征进行定性分析。

②采用比较分析和趋势分析相结合的方法，对会计信息进行比较和趋势分析，从而评价会计信息的可比性和及时性。

③采用多元评价方法，从准确性、可靠性、可比性、及时性、完整性和合规性等多个方面综合评价会计信息的质量。

④采用专家评价法，依靠专业人员的知识和经验对会计信息的质量进行评价。

（3）程序

程序是会计信息质量评价标准的具体实施步骤和流程。程序主要包括以下九个方面：

①确定评价的对象，明确评价目标和评价范围。

②收集评价所需的信息，包括财务报表、会计档案、内部控制制度等相关信息。

③进行评价指标的选取和制定，以保证评价指标能够全面、客观、公正地反映评价客体的质量情况。

④对评价指标进行权重分配，根据各个评价指标的重要程度，对其进行不同的权重分配，以确保各个指标对评价结果的影响力相对均衡。

⑤对评价指标进行量化，将评价指标转化为可度量的量化指标，以便对评价客体的质量进行量化分析和比较。

⑥进行数据处理和分析，根据收集到的信息和量化指标，进行数据处理和分析，得出评价结果。

⑦对评价结果进行解释和分析，根据评价结果，对评价客体的优缺点进行解释和分析，为后续的决策提供参考。

⑧制定改进措施，根据评价结果和分析，制定相应的改进措施，以提高会计信息质量。

⑨监控评价结果的执行情况，对制定的改进措施进行监控和跟踪，确保改进措施的有效性和可行性。

（二）影响会计信息质量的因素

影响会计信息质量的因素有很多，以下是一些主要因素：第一，会计制度和政策的变化。会计制度和政策的变化会影响会计信息的准确性和可比性。当会计制度和政策发生变化时，需要对以前的财务数据进行调整，这可能导致数据不一致和不可比。第二，管理层的决策和行为。管理层的决策和行为会影响会计信息的质量。如果管理层存在不诚实、不道德的行为，例如虚报收入、隐瞒费用等，就会降低会计信息的准确性和可靠性。第三，内部控制。内部控制是保证会计信息质量的关键因素之一。如果企业的内部控制机制不完善或实施不力，就会导致会计信息的错误。第四，会计人员素质。会计人员的素质和职业道德水平会影响会计信息的准确性和可靠性。如果会计人员缺乏专业知识、技能和职业道德，就会导致会计信息的错误。第五，外部环境。外部环境的变化也会影响会计信息质量。例如，市场经济的不稳定性、税法的变化、竞争激烈等因素都可能对会计信息产生影响。

会计信息质量是受多种因素影响的，企业应该加强内部控制、提高会计人员素质、关注外部环境的变化，以提高会计信息质量的准确性和可靠性。

第二节　会计信息质量对企业经济效益的影响

一、会计信息的预测价值是提高企业经济效益的前提

会计信息的预测价值是提高企业经济效益的重要因素。在当今经济快速发展的时代，企业要想在激烈的市场竞争中立于不败之地，就必须具备预测能力。只有通过对市场、行业、企业的调查和研究，制定科学的预测方案，才能有效地降低经营风险，提高经济效益。

会计信息质量要求在计划前必须掌握本企业的历史资料和现实情况，科学地预见未来的发展趋势。会计人员在日常工作中要掌握企业的财务状况和经营成果，对企业的未来发展作出科学合理的预测，为企业的发展提供决策依据。例如，在预测销售额方面，会计人员可以结合历史销售数据

和市场趋势，对未来的销售额进行预测，为企业的生产计划和市场营销提供支持。

通过调查研究和预测，企业可以制订出科学的计划，并在计划执行过程中进行跟踪监测，及时修订计划。会计人员在日常工作中应该与其他部门密切配合，及时调整会计核算方法和处理流程，确保会计信息的准确性和可靠性，为企业的经营决策提供可靠的数据支持。

建立健全以产权明晰、债权明确、政企分开、管理科学为特征的现代企业制度，是企业实现可持续发展的重要保障。而要建立这样的现代企业制度，必须依赖会计的职能作用。会计人员应该在企业经营管理中发挥其专业技能和职能作用，加强与其他部门的沟通和协调，推进企业的现代化管理。

同时，建立法制严明、公平竞争的市场体系也需要会计人员的参与和推动。会计人员应该加强对相关法律法规和政策的学习和了解，积极参与企业的合规管理，防范违法行为，保障企业的合法权益，促进市场的健康发展。

会计人员应该充分发挥其专业职能作用，加强自身素质提高，提升对企业财务管理的理解和把握，对会计信息质量的提升起到至关重要的作用。此外，企业也应该加强对会计人员的培训和管理，提高他们的专业水平和职业道德素质，确保会计人员在工作中严格遵守会计准则和法律法规，保证会计信息的准确性、可靠性、可比性和时效性，为企业的经济效益提供有力保障。

二、会计信息质量的控制是提高企业经济效益的有效途径

会计信息质量的控制是提高企业经济效益的有效途径，涉及企业的各个方面，包括预算控制、标准成本控制、存货控制、责任会计、业绩评价等。

首先，预算控制是企业目标的保证，通过编制预算，明确企业的经营

目标和实施方案，对经营活动进行全方位、全过程的价值控制，及时发现差异、反馈信息，使企业经济活动按预定的目标进行。

其次，标准成本控制与存货控制是实现良好经济效益的具体措施。通过制定标准成本制度和控制存货水平，企业可以掌握生产成本和库存水平，提高生产效率，减少浪费和成本。

再次，责任会计是加强内部目标责任管理，提高经济效益的有效方法。通过责任会计制度，明确责任、制定目标、建立考核机制，提高员工的责任意识和工作积极性，进而促进企业的经济效益提高。

最后，业绩评价是利用标准成本制度和变动成本法对企业现实的生产经营活动进行汇总、计算，把计算结果与全面预算和责任预算进行比较，及时发现差异并反馈信息，使企业经济活动按预定目标进行。通过业绩评价，企业可以及时发现问题，调整经营策略，提高经济效益。

会计信息质量的控制是提高企业经济效益的有效途径。通过建立完善的内部控制体系，加强人员培训和管理，建立科学的经营管理制度，加强财务管理，企业可以充分发挥会计的职能作用，提高会计信息质量的准确、完整、及时，从而实现最佳经济效益。

企业的财务状况和经营成果是通过会计信息来反映的，而会计信息质量的高低则直接影响着企业的经济效益。因此，控制会计信息质量是提高企业经济效益的有效途径。具体来说，控制会计信息质量的重要手段包括以下四个方面：

（一）建立健全的内部控制制度

内部控制制度是企业管理的重要组成部分，对提高会计信息质量起着关键作用。通过建立健全的内部控制制度，可以规范会计核算程序、强化风险控制，提高会计信息的准确性、可靠性、可比性和时效性。

（二）加强会计人员的培训和管理

会计人员是会计工作的主要执行者，其专业素质和职业道德对会计信息质量的影响至关重要。因此，企业应该加强会计人员的培训和管理，提高其专业素质和职业道德水平，从而保证会计信息质量的高水平。

（三）规范会计核算和报告制度

会计核算和报告制度是规范会计信息质量的重要保障。通过建立规范的会计核算和报告制度，可以确保会计信息的准确性、可靠性、可比性和时效性，还可以避免会计信息漏报、误报等情况的发生，进一步提高会计信息质量。

（四）加强会计监督和审计工作

会计监督和审计是提高会计信息质量的重要手段之一。通过对企业的会计信息进行监督和审计，可以发现并纠正会计信息的错误和不规范行为，提高会计信息质量。

控制会计信息质量是提高企业经济效益的有效途径，需要建立健全的内部控制制度，加强会计人员的培训和管理，规范会计核算和报告制度，加强会计监督和审计工作等措施的综合应用。只有如此，才能保证企业的财务状况和经营成果得到准确、及时、可靠的反映，从而实现提高企业经济效益的目标。

三、会计信息质量在将企业内经济核算制纳入经济责任制中发挥重要作用

会计信息质量是内向型信息系统，参与企业经营决策主要体现在经济信息的功能和效益控制的功能上。在将企业内经济核算制纳入经济责任制中，会计信息质量发挥着重要作用，具体表现如下：

首先，提供准确、完整、及时的会计信息。会计信息质量要求会计人员提供准确、完整、及时的会计信息，以支持企业决策和经营管理。只有这样，企业才能及时了解自身经济状况和外部市场环境，制定相应的经营策略和决策，实现经济效益的最大化。

其次，促进经济责任制的建立和完善。会计信息质量不仅提供准确、完整、及时的会计信息，还能促进企业内部经济责任制的建立和完善。会计信息质量的提高可以帮助企业建立科学的经济核算制度，规范企业内部经济活动，实现信息透明化和制度化，从而促进经济责任制的建立和完善。

再次，支持经济责任制的执行和监督。会计信息质量提供的准确、完整、及时的会计信息可以为经济责任制的执行和监督提供支持。会计人员可以通过会计信息质量的提高，对企业内部经济活动进行监督和控制，防止出现经济失误和违规行为，确保经济责任制的有效执行和监督。

最后，提高经济效益。会计信息质量的提高可以帮助企业更加科学地制定经营决策和经济计划，从而提高企业的经济效益。准确、完整、及时的会计信息可以帮助企业了解市场变化和自身经济状况，从而更好地制定市场营销策略、优化产品结构、降低成本、提高效率，最终实现经济效益的最大化。

会计信息质量在将企业内经济核算制纳入经济责任制中扮演着重要角色。通过提供准确、完整、及时的会计信息、促进经济责任制的建立和完善、支持经济责任制的执行和监督以及提高企业经济效益等方面，会计信息质量对企业内经济核算制纳入经济责任制产生了积极的影响。

第三节 内部控制对会计信息质量的影响

会计信息应具备一些对使用者决策有用的基本特征，如可靠性、相关性、可理解性、可比性等，因此提高会计信息质量，不仅有利于企业管理者做出科学合理的经营决策，而且可以更好地向投资者、债权人或其他信息使用者揭示企业的财务状况和经营成果。会计信息质量的重要性不言而喻，但现阶段部分企业还存在会计信息失真等问题，究其原因，主要在于没有注重企业的内部控制，使得财务管理混乱不堪，轻则导致企业资金流失，重则让企业破产，让投资者、债权人血本无归。因此，本节主要从内部控制的角度来对企业会计信息的相关内容做出分析，以期通过一系列的措施来提高企业会计信息质量。

一、内部控制与会计信息的关系

内部控制是提高会计信息质量的前提，会计信息质量是对内部控制成效的一种真实反映，两者间存在相互影响、相互作用的关系，具体体现在以下两个方面。

（一）内部控制是促进企业会计信息质量提高的有效手段

内部控制是一种机制，它通过对企业内部各项经济活动的管理和监督，确保企业的目标得以实现，同时也能有效防范企业内部违法违规、腐败等行为的发生。内部控制包括内部环境、风险评估、控制活动、信息和沟通及监督五个要素。其中，信息和沟通是内部控制的重要组成部分，其质量直接影响企业会计信息的准确性和及时性。

内部控制能够促进企业会计信息质量的提高，具有以下四个方面的作用：第一，保证会计信息的准确性和可靠性。内部控制是企业管理的基础和前提，能够通过规范企业的各项经济活动，确保会计信息的准确性和可靠性。例如，在采购、销售、财务等环节都要有严格的制度和流程，以确保每一笔交易都得到正确记录和反映，从而提高会计信息的质量。第二，规范企业管理行为。内部控制是对企业内部各项经济活动的管理和监督，能够规范企业的管理行为，提高企业管理水平，从而促进会计信息的提高。例如，在制定预算和计划时，需要按照制度和流程进行，并且要与实际情况相结合，从而确保预算和计划的合理性和可行性。第三，防范内部违法违规行为。内部控制能够有效防范企业内部的违法违规行为，从而保障会计信息的真实性和可靠性。例如,在企业内部要建立健全的审计制度,对各项经济活动进行监督和检查,防止内部违法违规行为的发生,从而提高会计信息的质量。第四,提高企业管理效率和经济效益。内部控制是提高企业管理效率和经济效益的重要手段,它能够促进企业的规范化管理和科学决策,从而提高经济效益和社会效益,进一步提高会计信息的质量。

内部控制是促进企业会计信息质量提高的有效手段。企业应建立健全内部控制制度,加强内部管理和监督,规范企业经济活动,确保会计信息的准确性和可靠性,从而为企业提供科学的决策和管理依据,进而提高企业经济效益和市场竞争力。同时,企业应加强对内部控制的宣传和培训,提高员工对内部控制的认识和理解,增强其对内部控制制度的遵守和执行力度,确保内部控制制度的有效实施。

(二)保证会计信息质量是内部控制的重要目标

具体来说,保证会计信息质量是内部控制的重要目标,表现在以下四个方面:第一,确保会计信息真实性。内部控制可以通过建立健全的制度,约束企业内部人员的行为,防止企业内部人员故意造假、误操作、侵占公司财产等行为,从而确保会计信息的真实性和准确性。第二,防范会计信息失真。内部控制可以建立健全的财务管理流程和审计制度,加强对企业各项经济活动的管理和监督,及时发现并纠正可能导致会计信息失真的问题,从而确保会计信息的可靠性和完整性。第三,预防虚假会计信息。内部控制可以制定切实可行的审计控制措施和内部审计程序,加强对企业财务报表的审核,确保财务报表真实、准确、完整,避免虚假会计信息的出现。第四,提高会计信息的质量。内部控制可以通过建立高效的内部审计机制、完善的内部控制制度,提高企业内部管理水平,减少内部失误和误操作,从而提高会计信息的质量和效益,为企业的经营决策和管理提供有力支持。

只有建立健全的内部控制制度和管理体系,加强内部监督和审计工作,才能有效预防和纠正会计信息失真、虚假会计信息等问题，保证企业会计信息的真实、可靠和完整，为企业的经营决策和管理提供有力保障。

二、内部控制对企业会计信息质量的影响

因为影响企业会计信息质量的因素主要有企业管理者（比如基于利润最大化而操控利润、粉饰报表）、财会人员（比如专业素质、业务能力、对经济活动的理解和判断能力）、竞争需要（比如避免揭露过多会计信息导致商业机密外泄）、外部审计（比如外部监督机构形同虚设，导致虚假会计信息流入信息使用者手里）等，因此内部控制对企业会计信息质量的影响具体体现在以下四个方面。

（一）控制环境

首先，控制环境是内部控制的基础和前提，它是指企业管理层对内部控制重要性的，以及对内部控制的规范化程度和有效性的认识和态度。如果企业管理层对内部控制的认识不足，或对内部控制不够重视，就难以建立一个有效的控制环境，会计信息的真实性和可靠性也难以得到保障。相反，如果企业管理层高度重视内部控制，建立了一个良好的控制环境，会计信息的质量就会得到有效保障。

其次，内部控制可以通过加强对业务流程和内部程序的控制，提高会计信息的质量。例如，内部控制可以规定特定的账务处理程序，明确业务流程的各个环节，以确保会计信息的准确性和完整性。此外，内部控制还可以规定合理的审批程序，以确保重要业务的合法性和合理性，从而有效地提高会计信息的质量。

最后，内部控制可以通过建立有效的内部监督和管理机制，监督和检查各个环节的业务流程和内部程序，以保证会计信息的真实性和可靠性。例如，内部控制可以通过建立审计委员会、内部审计和风险管理机构等机制，对企业的会计信息进行监督和管理，从而有效地提高会计信息的质量。

内部控制对企业会计信息质量的影响是多方面的，企业需要高度重视内部控制的建立和实施，建立一个有效的控制环境，规范业务流程和内部程序，加强对业务流程的监督和管理，以保证会计信息的真实性和可靠性。

（二）风险评估

内部控制对企业会计信息质量的影响还体现在风险评估方面。内部控制是企业管理体系的重要组成部分，其目标之一就是规避风险、降低风险。通过内部控制，企业可以识别、评估和管理潜在风险，进而保护企业资产和利益。在风险评估中，内部控制能够帮助企业对风险进行分析和分类，并制定相应的风险管理策略。例如，企业可以通过内部控制来控制业务流程中的风险点，降低错误、欺诈和不当行为的可能性，从而提高会计信息的可靠性和准确性。

内部控制能够帮助企业建立合理的风险管理框架，包括风险识别、评估、应对和监控等环节。在风险识别阶段，内部控制能够帮助企业发现潜在风险，例如财务欺诈、数据错误等，从而采取相应措施加以遏制。在风险评估阶段，内部控制能够帮助企业对风险进行量化和评估，制定相应的风险控制策略。在风险应对阶段，内部控制能够帮助企业制定应急预案，及时处理突发事件，防止其对企业造成不利影响。在风险监控阶段，内部控制能够帮助企业监督和评估风险管理措施的有效性和适应性，及时调整和完善风险管理策略。

因此，通过内部控制对风险进行评估和管理，企业可以更好地保障会计信息质量，降低会计信息失真和虚假会计信息的风险，提高会计信息的可靠性和准确性。

（三）信息沟通

内部控制对企业会计信息质量的影响还表现在信息沟通方面。信息沟通是指信息的传递、交流和反馈过程，其目的是保证信息的准确性、完整性和及时性，以支持决策和管理。内部控制能够影响信息沟通的效果，主要表现在以下几个方面：

沟通渠道的畅通。内部控制能够确保信息沟通的渠道畅通，使信息能够在组织内部流通和共享。在内部控制体系的支持下，企业能够建立完善的信息传递和交流机制，避免信息滞后、遗漏或者错误，从而提高信息沟通的效率和准确性，保证会计信息的质量。

沟通内容的准确性。内部控制可以确保信息的准确性和完整性，防止信息的篡改和损毁。企业可以通过内部控制，制定合理的会计制度和会计核算方法，使会计信息更加准确、完整，从而提高会计信息质量。

沟通对象的准确性。内部控制还能够确保信息沟通的对象准确无误，防止信息的传递错误或者被篡改。在内部控制体系的支持下，企业能够建立有效的信息反馈和监控机制，及时发现和纠正信息传递过程中的错误和偏差，保证信息沟通的准确性和有效性。

内部控制对企业会计信息质量的影响，主要表现在对信息沟通的影响。内部控制能够确保信息沟通渠道畅通、沟通内容准确、沟通对象准确，从而提高信息沟通的效率和准确性，保证会计信息的质量。

（四）监督管理

内部控制对企业会计信息质量的影响还体现在其对监督管理的影响上。内部控制的建立可以促进企业的自我管理，从而加强内部监督和管理。通过内部控制的实施，企业可以对各个环节进行监督，对可能存在的违法违规行为进行预防和控制，减少违法违规行为的发生，提高企业的管理效率和经济效益。

在会计信息质量方面，内部控制可以通过完善的管理制度和内部审计制度，及时发现和纠正会计信息方面的问题，提高会计信息的准确性和可靠性。此外，内部控制还可以通过明确各个部门的职责和权限，避免因职责不清导致的会计信息错误。

另外，内部控制还可以加强与外部监管机构的配合。企业通过建立内部控制机制，可以更好地了解外部监管机构的要求和规定，及时采取措施满足监管要求，保证企业符合法律法规和监管要求，进一步提高企业的信誉度和市场竞争力。

内部控制对企业会计信息质量的影响是多方面的，它不仅可以促进企业的自我管理和监督，提高会计信息的准确性和可靠性，还可以加强与外部监管机构的配合，保证企业在法律法规和监管要求方面的合规性，进一步提高企业的信誉度和市场竞争力。

三、提高企业会计信息质量的对策分析

虽然提高会计信息质量对于企业的发展起着至关重要的作用，但部分企业的会计信息质量不高，以至于让企业蒙受经济损失，或者引发信任危机，扰乱资本市场。为此，应从以下三个方面提高企业会计信息质量。

（一）优化控制环境

为了提高企业会计信息的质量，优化控制环境是非常重要的一步。具体对策如下：第一，建立健全内部控制制度。企业应当制定内部控制制度，将其落实到企业的日常经营管理中，形成行之有效的控制体系。该制度应当包括规章制度、流程文件、工作职责、内部审计制度等方面。第二，建立内部监督机制。建立内部监督机制，通过内部审计和监督等手段，对企业的经营活动进行监督和检查。通过内部监督机制，可以及时发现和解决会计信息质量问题，保证会计信息的准确性和可靠性。第三，建立健全人才培养机制。企业应当建立健全人才培养机制，加强对会计人员的培训和教育，提高其会计信息处理能力和业务水平，确保会计信息的质量。同时，企业应该加强对其他员工的财务知识培训，提高他们对会计信息的理解和运用能力。第四，完善信息技术系统。企业应当完善信息技术系统，提高会计信息的处理效率和准确性，降低会计信息处理中的误差率。同时，企业应当采用先进的信息技术手段，确保会计信息的安全性和保密性。第五，

强化风险管理，企业应当建立风险管理机制，通过分析和评估风险，采取相应的措施，预防会计信息质量问题的发生。风险管理机制应当包括风险识别、风险评估、风险防范等方面。

企业要提高会计信息质量，必须优化控制环境。企业应当建立健全内部控制制度，建立内部监督机制，健全人才培养机制，完善信息技术系统，强化风险管理等方面，以提高会计信息质量，为企业的长远发展提供有力的支持。

（二）完善风险评估机制

完善风险评估机制是提高企业会计信息质量的重要对策之一。企业应该逐步建立完善的风险评估机制，以实现对潜在风险的预警和管理，从而提高会计信息的准确性和可靠性。

具体而言，企业可以采取以下措施：第一，建立风险评估框架。企业应建立风险评估的框架，明确评估的目的、范围、内容和方法，并建立相应的评估标准和流程。第二，制定风险评估指南。企业应根据自身情况，制定风险评估指南，明确风险评估的步骤、方法、标准和报告要求等，以确保风险评估的全面、准确和及时。第三，加强内部控制。企业应加强内部控制，建立完善的内部控制机制，提高风险防范和管理的效果，从而保障会计信息质量。第四，加强对外部环境的监测。企业应加强对外部环境的监测，及时了解市场、行业和政策变化，识别可能产生的风险，以便制定相应的应对措施。第五，建立风险预警机制。企业应建立风险预警机制，通过预警指标的设定和监测，及时发现风险，以便采取相应的措施控制风险。

（三）完善相关法律制度和监督管理制度

完善相关法律制度和监督管理制度也是提高企业会计信息质量的重要对策之一。具体对策如下：第一，促进相关法律法规的建设和完善。要提高企业会计信息质量，必须有完善的法律法规，明确会计工作的标准、规范和责任,保证企业会计工作的科学性、规范性和合法性。政府应完善会计法规体系,加强会计监管,确保会计信息的真实性和准确性,维护公众利益和市场秩序。第二,建立健全内部监督机制。企业应建立健全内部监督机制,完善内部控制制度,加强内部审计和监督,及时发现和纠正会计信息失误和不准确的问题。内部监督机制可以有效遏制会计信息失真的行为,提高会计信息的准确性和可靠性。第三,强化外部监管。加强对企业会计信息披露的监管,加强对会计师事务所的监督,建立健全会计师事务所的评估制度,提高其服务质量和水平。同时,加强对上市公司、国有企业等重点企业的监管力度,定期进行财务审计和监督,发现问题及时处理,确保会计信息的准确性和可靠性。第四,加强对会计人员的培训和管理。加强对会计人员的培训和管理,提高其专业水平和职业道德,增强其诚信意识,使其始终坚持客观、公正、准确的原则,为企业提供真实、可靠的会计信息。

第六章
新时期合并会计报表理论与应用

第一节　合并会计的基本概念

通常来讲，企业合并是将两个或两个以上单独的企业合并形成一个报告主体的交易或事项。从经济意义上讲，企业会计准则所指的企业合并包括了经济中的兼并和收购行为。

一、企业合并的分类

企业合并分类是指根据不同的标准对企业合并进行分类。从合并方式和会计处理方式两个角度可以对企业合并进行分类。

从合并方式角度来看，企业合并可以分为吸收合并和新设合并两种方式。吸收合并是指一个公司吸收其他公司为吸收合并，被吸收的公司解散，而吸收公司继续存在。新设合并是指两个或两个以上公司合并设立一个新的公司为新设合并，合并各方组成一个新的公司，同时合并各方解散。

从会计处理方式角度来看，企业合并可以分为同一控制下的企业合并和非同一控制下的企业合并。同一控制下的企业合并是指在合并前后，合并企业均受同一方或相同的多方最终控制，且并暂时控制。而非同一控制下的企业合并，则是指在合并前后，合并企业不受同一方或多方最终控制。

对于企业合并的分类，能够对企业在会计处理和财务报表编制方面提供指导和规范，有助于保证合并后会计信息的质量和透明度，提高企业财务信息的可比性和可靠性。

二、企业合并会计的难点分析

企业合并会计处理过程中存在一些难点需要克服，如下所述。

（一）判断企业合并的类型和计量基准

企业合并可以分为同一控制下的企业合并和非同一控制下的企业合并，对于不同类型的企业合并，采用的处理方式也不同。在实际操作中，需要准确判断企业合并类型，并根据会计准则规定选择正确的处理方式。

（二）评估被合并企业的公允价值

在企业合并中，评估被合并企业的公允价值是一个比较困难的问题。尤其是在非同一控制下的企业合并中，评估被合并企业的公允价值更加复杂。因此，在进行企业合并时，需要采用合适的估值方法，如市场法、收益法、成本法等，以准确评估被合并企业的公允价值。

（三）确定合并后的资产负债表和利润表

企业合并后，需要对合并后的资产负债表和利润表进行重构。但是，在合并后的资产负债表和利润表中，需要对相关项目进行分类和调整，确定合并后的实际价值。因此，在企业合并中，需要进行准确的资产负债表和利润表重构，以反映合并后企业的真实情况。

（四）披露和信息披露质量控制

企业合并的信息披露是保证信息透明和准确性的重要途径。在信息披露过程中，需要遵循相关的法律法规和会计准则，保证信息披露的质量和准确性。因此，在企业合并过程中，需要进行严格的信息披露质量控制，以保证信息披露的完整性和真实性。

企业合并会计处理涉及的问题比较复杂，需要在理论和实践层面进行全面分析和深入探讨，以保证企业合并的顺利进行和会计信息质量的准确性。

第二节 合并会计报表的编制原则

一、合并会计报表编制理论

（一）所有权理论

所有权理论是解释合并会计报表编制的一种理论。根据所有权理论，企业合并时，被合并企业的所有权转让给了合并企业，因此，合并企业可以完全掌控被合并企业的资产和业务。合并后的企业应当按照新的所有权结构来编制会计报表。

所有权理论强调的是合并企业的资产和负债应该按照其实际控制的方式计量和报告，而不是按照购买价格计量和报告。在进行企业合并的会计处理时，应该将被合并企业的资产和负债按照其实际控制情况计入合并企业的财务报表中。

在所有权理论的基础上，合并企业应该按照其实际控制情况计量和报告合并后的资产、负债和股东权益，从而更准确地反映合并企业的财务状况和经营成果。

（二）实体理论

实体理论是企业合并会计报表编制理论的一种。该理论认为，在企业合并中，应该将合并后的实体作为报告对象，而不是将各自的资产和负债单独列示。这样做的目的是更好地反映企业合并后形成的整体实体。

根据实体理论，在编制合并会计报表时，需要将原有企业的资产和负债进行整合，以反映新实体的财务状况和经营成果。这种方法可以更好地反映企业合并后形成的整体实体，更符合经济实际，也更有利于投资者和其他利益相关方的决策。

实体理论是企业合并会计报表编制理论的一种，认为应该将合并后的实体作为报告对象，以更好地反映企业合并后形成的整体实体。然而，在实践中，实体理论也存在一些问题需要解决。

（三）母公司理论

母公司理论是指在合并企业中，编制合并财务报表时，应该以母公司为主体，对合并企业进行整体汇总和处理。母公司理论强调母公司在合并企业中的主导地位，并且母公司应该对合并企业的财务状况和经营活动负有主要责任。

母公司理论虽然在编制合并财务报表中应用广泛，但也存在着一些问题，例如对方公司同一资产的计价标准、对少数股东权益的处理等。因此，在实际应用中，母公司理论通常与其他合并会计理论结合使用，以达到更好的合并财务报表编制效果。

二、合并会计报表的编制思路

随着企业合并业务的增加，合并报表越来越被广泛地应用。因合并报表编制的原则和方法与个别报表的差别较大，既要以个别报表为基础，又要转换视角，将集团视为一个整体，还要考虑母公司与少数股东的权益分配，从而导致很多实务工作者和学习者在操作时理不清头绪，仅调整、抵销事项已难以应付，加上各个项目之间的勾稽关系错综复杂，合并报表的编制变得异常困难。

（一）合并报表编制理念和列报要求

1.合并报表的编制理念

合并报表编制是指将反映母公司和其全部子公司形成的企业集团整体财务状况、经营成果和现金流量的财务报表。合并报表的编制理念主要包括以下四个方面：第一，公允原则。合并报表编制应遵循公允原则，即按照市场价格、交易价格或公认的公允价值计量资产、负债和权益。第二，实质重于形式原则。合并报表编制应根据交易实质而非形式进行，不受企业法律形式和资本构成的限制。第三，综合原则。合并报表编制应将合并后企业的财务状况和经营成果综合反映出来，反映出合并前和合并后企业的业务活动、财务状况和经营成果。第四，持续经营原则。合并报表编制应基于持续经营原则，即合并后企业在可预见的未来将继续开展经营活动。

综上，合并报表编制应遵循合理性、公允性、可比性和透明度的原则，确保合并后企业的财务状况和经营成果得以准确地反映和报告。

2. 合并报表的列报要求

具体来说，合并报表需要将合并公司的财务报表按照所属行业、地区、业务等因素分类，然后将各个分类的财务报表合并，得出整个合并企业的财务状况和经营成果。

在合并利润表中，需要将母公司和子公司的收入、成本、费用等项目汇总成整个合并企业的利润表。需要注意的是，在合并利润表中，需要将内部交易等影响消除，以确保合并利润表的真实性和可比性。

此外，对于少数股东的权益，在合并所有者权益变动表中，也需要单独列示少数股东权益的变动情况，以体现少数股东的贡献和权益变动。

合并报表的列报要求需要根据其编制理念和经济实质进行分类、汇总、消除影响等处理，以保证合并报表的真实性和可比性。同时，对于少数股东的权益也需要单独列示，以确保合并报表的全面性和准确性。

（二）"重点项目调整抵销追踪法"和"直接计算列示法"的前提

1. 合并报表编制以个别报表为基础

合并报表编制以个别报表为基础是指，在编制合并报表时，需要首先对合并中的各个子公司的个别报表进行审阅和审核，以确保它们的真实性、准确性和完整性。然后，将这些个别报表合并起来，得出一个整体的合并报表。

具体来说，合并报表编制过程中，需要根据个别报表中的资产、负债、所有者权益、收入、成本和费用等项目进行汇总和调整，以确保合并报表的准确性和完整性。同时，需要注意，合并报表编制的过程中，需要遵守会计准则和监管要求，确保合并报表符合相关规定，并保证会计信息的质量和透明度。

合并报表编制以个别报表为基础，需要严格遵循会计准则和监管要求，保证合并报表的准确性、完整性和透明度，从而为投资者、股东、管理层等利益相关方提供可靠的会计信息。

2. 调整和抵销分层叠加影响相关项目

在编制合并报表时，调整和抵销是不可避免的环节。其中，调整是指在将子公司的个别报表纳入合并报表时，需要对其计量基础进行调整，以确保所有报表基于同一计量基础。调整事项主要包括三类：第一，非同一控制下企业合并形成母子公司关系的，编制合并财务报表时，应对子公司个别报表进行调整，即将子公司计量基础由账面价值调整为以购买日公允价值持续计算的价值；第二，同一控制下恢复子公司留存收益中属于母公司的份额；第三，对母公司个别报表的调整，即将长期股权投资由成本法调整为权益法。

抵销是指在合并报表中存在重复项目，需要将其抵消，以避免重复计算。抵销事项可以分为因重复项的抵销和因内部交易的抵销。因重复项的抵销包括四种情况：子公司之间的重复项抵销、母公司与子公司之间的重复项抵销、合并前的重复项抵销以及合并后重复项抵销。因内部交易的抵销包括两种情况：内部交易的抵销和内部账目的抵销。

在调整和抵销的过程中，不同事项之间会有交叉影响和前后顺序，而不同调整和抵销对同一报表项目进行调整时可层层叠加，不分先后。因此，在编制合并报表时，需要对各个事项进行细致的分析和处理，以确保报表的准确性和可靠性。

（三）重点项目调整抵销追踪法

1. 从报表之间的勾稽关系看子公司计量基础的调整和重点项目追踪流程

子公司的财务信息对母公司的经营决策和财务分析非常重要。在编制合并报表时，需要对子公司的财务信息进行调整和抵销，以确保合并报表的准确性和可靠性。调整和抵销需要在报表之间进行勾稽，同时需要重点关注一些项目的变化，以便及时发现问题和调整。笔者将从报表之间的勾稽关系出发，详细介绍子公司计量基础的调整和重点项目追踪流程。

（1）报表之间的勾稽关系

在编制合并报表时，需要将母公司和子公司的财务信息进行合并，其中涉及资产负债表、利润表和所有者权益变动表三个主要报表。这三个报表之间存在着勾稽关系，具体表现为：

资产负债表和利润表的勾稽关系。资产负债表和利润表之间存在着重要的勾稽关系。在资产负债表中，所有的资产和负债必须与利润表的收入和费用相对应，即所有的资产来源必须与所有的负债和所有者权益的运用相对应。因此，在编制合并报表时，需要确保资产负债表和利润表之间的勾稽关系是正确的。

资产负债表和所有者权益变动表的勾稽关系。资产负债表和所有者权益变动表之间也存在着勾稽关系。资产负债表反映了企业的财务状况，所有者权益变动表则反映了企业的财务活动。在编制合并报表时，需要确保资产负债表和所有者权益变动表之间的勾稽关系是正确的，即所有者权益变动表中的每一项都必须与资产负债表中的某一项相对应。

利润表和所有者权益变动表的勾稽关系。利润表和所有者权益变动表之间也存在着勾稽关系。在编制合并报表时，需要确保利润表和所有者权益变动表之间的勾稽关系是正确的，即所有者权益变动表中的每一项都必须与利润表中的某一项相对应。

（2）非同一控制下子公司计量基础的调整流程

非同一控制下在编制合并财务报表时，需要对子公司个别报表的计量基础进行调整，以保证合并报表的准确性和真实性。子公司计量基础的调整涉及报表之间的勾稽关系，需要进行严格的重点项目追踪和调整，其流程可以分为以下几个部分。

确定计算基础。在进行子公司计量基础的调整前，需要明确计算基础。计算基础是以购买日公允价值持续计算的价值，与子公司个别报表的账面价值或成本价值不同。

确定调整方法和具体项目。确定调整方法主要包括两种，一是将子公司个别报表的账面价值调整为公允价值，二是将子公司个别报表的成本价值调整为公允价值。具体项目包括固定资产、无形资产、长期股权投资等。

重点项目追踪和核算。确定调整方法和具体项目后，需要对重点项目进行追踪和核算。对于固定资产和无形资产，需要核算其账面价值和公允价值之间的差异，并将差异计入资本公积。

勾稽报表之间的关系。在调整过程中，需要勾稽子公司个别报表、母公司个别报表和合并财务报表之间的关系。子公司个别报表的调整影响母公司个别报表和合并财务报表，而母公司个别报表的调整也会影响合并财务报表。因此，在进行调整时需要对报表之间的勾稽关系进行精细化管理，以保证报表的一致性和准确性。

流程监控和审计。在整个调整流程中，需要进行流程监控和审计。流程监控主要包括调整过程中的数据采集和核算，以及调整结果的统计和汇总。审计主要包括对调整过程的合规性和调整结果的准确性进行审核，以保证调整结果的真实性和可靠性。

子公司计量基础的调整是合并财务报表编制过程中非常重要的环节，需要进行严格的流程管理和重点项目追踪和调整。

2. 从一体性原则看内部交易的抵销及追踪

具体来说，从一体性原则出发，内部交易抵销的关键在于识别和追踪相关交易、计算并抵销其未实现的损益。以下是内部交易抵销及追踪的流程：

（1）识别和追踪内部交易

内部交易可以包括货物和服务的交易、资金的借贷和投资等多种形式。在识别和追踪内部交易时，需要关注交易的类型、金额、时间和相关方，以确保交易的完整性和准确性。

（2）确认抵销关系

在识别和追踪内部交易之后，需要确定哪些交易可以进行抵销。一般来说，只有相对应的内部交易双方所产生的权利和义务完全抵消时，才可以进行抵销。例如，母公司向子公司出售货物，同时子公司向母公司提供服务，两个交易的金额相等，权利和义务完全抵消，可以进行抵销。

（3）计算抵销数额

确认抵销关系之后，需要计算抵销数额。一般来说，抵销数额就是两个交易金额的差额。例如，在上述例子中，如果母公司向子公司出售货物的金额为100万元，子公司向母公司提供服务的金额为80万元，那么抵销数额为20万元。

（4）抵销核算

进行抵销核算时，一般要将相应的内部交易及未实现的内部交易损益计入合并报表中相应的项目，并将抵销数额计入合并报表中相应的项目。

内部交易抵销及追踪是合并报表编制中的一个重要环节，需要严格按照一体性原则进行，将集团内部的母子公司视为一个整体，反映集团对外部的交易结果。在进行内部交易抵销及追踪时，需要确定抵销关系和抵销核算，并注意抵销的先后顺序。同时，内部交易应当按照公允价值进行计量，确保交易的准确性和真实性，抵销应当在合并报表中进行，避免对单个公司的财务报表产生影响。只有严格按照规定的流程进行抵销及追踪，才能保证合并报表的准确性和可靠性，提高投资者的信任度。

（四）直接计算列示法

直接计算列示法是一种编制合并报表的思路，其基本思想是在各个报表项目的母子公司合计数的基础上，加上或者减去各项调整与抵销整个追踪过程中涉及的对应项目，便可得到合并报表。

与传统的母公司理论编制合并报表不同，直接计算列示法并不需要从母公司的角度来看待合并报表，而是直接将合并的所有企业视为一个整体。因此，直接计算列示法是一种更加简便、快速、直观的编制合并报表的方法。

需要注意的是，抵销处理需要遵循先后顺序，先抵销同一公司内部的交易，再抵销母子公司之间的交易。抵销处理的过程中，应当遵循公允价值计量原则，确保交易的准确性和真实性。同时，抵销处理需要在合并报表中进行，避免对单个公司的财务报表产生影响。

直接计算列示法的优点是可以减少调整和抵销处理的步骤，简化编制合并报表的流程。同时，直接计算列示法也能够保证编制出的合并报表符合会计准则和规范的要求，确保合并报表的准确性和可靠性。然而，直接计算列示法也存在一些缺点。第一，直接计算列示法需要准确把握母子公司之间的关系和交易，如果出现遗漏或错误，可能导致合并报表的准确性受到影响；第二，直接计算列示法对会计人员的要求较高，需要具备较强的专业知识和经验，否则可能会出现编制错误或者疏漏。因此，在使用直接计算列示法进行合并报表编制时，需要谨慎操作，确保编制出的合并报表符合准则和规范的要求，以提高其可靠性和有效性。

三、合并会计报表的意义、原则

现代企业的发展面临着十分复杂的内外部环境，企业也在通过自身兼并重组、兼并整合、扩大规模等提升持续竞争力，在这一过程中企业原有的很多制度机制和管理模式逐渐暴露出不足和问题，无法满足实际工作的需要。财务报表是企业财务工作的重要内容，企业的合并使得企业会计财务报表发生了诸多变化，会计报表合并对企业财务状况以及财务管理工作的实施产生了一些影响。一方面，合并会计报表能够更全面、准确地反映企业的财务状况、经营成果以及资金流转和收支情况，从中可以了解企业的优势和存在的问题，为企业的经营决策提供指导，一定程度上有助于提高企业的经济效益和竞争力；另一方面，企业在合并报表过程中的一些不规范行为，会影响合并报表的真实性、准确性以及作用的发挥，进而对企业的生产经营和运营管理产生不利影响。

（一）合并会计报表的重要意义

合并会计报表对企业财务状况的影响非常重要，具有以下三个方面的意义：

1. 真实反映企业财务状况

合并会计报表能够将母公司和子公司的财务状况综合起来，形成一个全面的财务报表，更加真实地反映出企业的财务状况。通过合并报表，投资者和其他利益相关方可以更好地了解企业的整体经营情况，准确地评估企业的财务状况和未来发展潜力。

2. 帮助企业做出更好的经营决策

合并会计报表提供了一个更全面的信息基础，企业可以更好地进行财务分析和决策。通过对合并报表的分析，企业可以了解不同业务领域的收入和支出情况，更好地评估不同业务的贡献度和收益水平，进而做出更好的经营决策。

3. 提升企业形象和信誉度

合并会计报表能够提高企业的透明度和公信力，有助于提升企业形象和信誉度。对于上市公司来说，透明度和公信力是影响股票价格和市值的关键因素，而合并报表的编制能够提高投资者对企业的信任度和认可度，从而为企业带来更多的投资和市场资本。

（二）合并会计报表实操中应坚持的原则

1. 符合实际原则

合并会计报表属于技术含量较高的报表形式，需要综合企业发展的各种会计报表的结果和形式，既来源于实际报表，又高于实际报表，需要在以往企业的财务报表的基础之上，进行去粗取精、去伪存真，将企业一段时间的真实财务状况和经营成果以会计报表的形式反映出来，所列举的数据都需要有据可查，采取合并报表的特殊形式进行有效加工、整合、完善、提升。

2. 一体同步原则

企业财务状况的质量高低是由众多因素构成的，单一法人企业不可能构成合并报表的会计主体，而是需要多个法人企业共同作用，将企业作为一个整体，坚持一体发展、同步推进的原则，确保企业各项经营活动都能够在合并会计报表的指导下进行，应从多角度、多层次予以考虑和衡量。

3. 突出重点原则

有的企业由众多法人主体构成，合并报表必然涉及众多企业的生产经营范围和各种经营活动，甚至有的业务领域跨度较大，分属于不同行业，这就给合并会计报表提出新的更高的要求，要使企业合并报表确保准确反映出会计主体的各项财务状况，必须坚持重点突出的原则，提高合并报表判断的准确程度。

四、合并报表需要重视的现实问题及标准

（一）合并报表中需要重视的现实问题

1. 会计政策不一致

在合并报表的编制过程中，会计政策的不一致可能会导致财务报表数据的不准确性，影响财务报表的可比性和可靠性。这是一个需要重视的现

实问题。

会计政策不一致可能发生在不同的子公司之间，也可能发生在母子公司之间。例如，不同的子公司可能采用不同的会计政策，导致在合并报表中存在计量基础的不一致。同样，母公司和子公司之间也可能存在会计政策不一致的情况，如在对子公司进行收购时，母公司可能采用不同的会计政策对收购进行计量，导致在合并报表中存在不一致的情况。

为了解决会计政策不一致的问题，在合并报表的编制过程中，需要对存在不一致的财务报表项目进行调整和重分类处理，以保证合并报表中的财务数据的可比性和可靠性。具体来说，需要对不一致的财务报表项目进行比较和分析，确定其原因和影响，并采取相应的措施进行调整和重分类处理，以确保合并报表的财务数据准确无误。

在合并报表的编制过程中，会计政策的一致性和准确性非常重要，需要充分重视和注意。

2.报表范围不明确

在合并报表编制过程中，应当确定合并范围，即确定哪些子公司应当纳入合并报表的范围，哪些子公司不应当纳入。

但是，在现实中，由于集团公司的业务结构复杂、组织架构烦琐，报表范围不明确的情况时有发生。例如，在一个集团公司中，某个子公司可能既与母公司有业务往来，又与其他子公司有业务往来，这就给合并报表编制带来了困难。

在解决报表范围不明确的问题时，需要考虑以下三个方面：第一，清晰的业务关系。应当明确各个子公司之间的业务关系，以便确定其在合并报表中的纳入范围。第二，合理的纳入标准。应当制定合理的纳入标准，以便确定哪些子公司应当纳入合并报表的范围内。第三，严格的审计程序。应当对合并报表编制过程中的报表范围进行严格审计，确保报表范围的准确性和可靠性。

在合并报表编制过程中,报表范围不明确是一个重要的问题,需要采取相应的措施加以解决,以保证合并报表的准确性和可靠性。

3. 企业内部交易

企业内部交易是合并报表编制中一个重要的问题,需要特别重视。因为在企业内部交易中可能存在以下问题:第一,价格不公允。内部交易的价格可能不同于市场价格,甚至可能存在利益输送等问题,影响交易的公允性。第二,未能按照公允价值计量。内部交易中可能未能按照公允价值计量,导致报表中的财务信息不准确。

在合并报表编制中,应当将内部交易的影响纳入考虑,并进行相应的调整和抵销。同时,还应当注意内部交易抵销的先后顺序,以保证抵销的准确性和顺序性。

(二)合理确定合并报表实操中的标准

1. 要合理确定合并报表实操中的质量标准

围绕母公司加强对于子公司的各种控制作用,合理控制子公司的经营活动和各种财务情况,积极履行企业之间的投资和合作协议,并且充分考虑到企业超过一半的表决权的标准。要合理确定合并报表实操中的控制标准,严格执行企业会计准则等有关政策法规的规定。认真参照企业加强控制质量标准,明确企业之间的拥有表决权的投资单位和不拥有表决权的被投资单位,进行科学合理判断,全面加强有效的企业控制。在实际操作过程中强调实质重于形式,要始终坚持以加强控制为重要基础,加强控制子公司的管理,有的经营权益为负的子公司同时纳入合并报表的范围。

2. 要合理确定合并报表实操中的一般标准

在这个一般标准的大背景之下,企业始终强调加强合并报表的控制,进一步合理确定出合并报表的各种范围,在会计准则当中进一步明确规定了母公司对于其合并后的子公司的权利和义务,特别是在企业进入破产程序之后，应该进一步明确各企业之间的权利和义务。会计合并报表的作用范围进一步突出会计控制的概念，严格按照企业会计准则规定编制合并报表。

第三节 合并会计报表的编制

一、确定合并会计报表范围并处理财务数据

（一）确定合并会计报表范围

确定合并会计报表的范畴是编制合并会计报表的第一步，也是最关键的一步。它涉及哪些公司应该纳入合并报表的范围，以及在何时和何种方式纳入合并报表。只有在合并报表的范畴确定后，才能够进行下一步的合并报表编制工作。

（二）处理财务数据

合并会计报表的编制可以提高财务信息的准确性，这主要体现在以下两个方面：

1. 减少重复计量

在编制合并报表时，对于子公司和母公司之间的重复项目进行抵销，能避免重复计量的问题，提高报表的准确性。具体来说，对于重复项目，应当首先确定其对应的同一项事项，并确定其抵销关系。然后，根据抵销关系将抵销数额计入相应的项目中，如应收账款、应付账款等。

通过抵销处理，可以减少重复计量所带来的误差和不准确性，提高合并报表的准确性和可靠性。同时，抵销处理也有助于消除因重复计量而导致的重大差异，使财务报表更加合理和真实。

2.统一会计处理方法

统一会计处理方法是指在集团内部，各个子公司和母公司在进行财务会计处理时采用相同的标准和方法，从而提高财务信息的准确性。

各个子公司和母公司之间会计处理方法的差异性会导致在合并报表编制过程中存在一些问题。例如，如果不统一会计处理方法，不同公司对于相同的交易或事项可能会采用不同的计量方法，导致在合并报表中出现重复计量或者遗漏计量的问题。此外，还可能会存在因会计政策不一致导致的不良后果，如出现大量的非经常性损益。因此，在合并报表编制过程中，需要统一各个公司的会计处理方法，确保财务数据的一致性和可比性。具体而言，可以通过以下三个方面来实现统一会计处理方法：第一，统一会计政策。采用相同的会计政策，如计量方法、会计估计方法等。第二，统一会计核算标准。使用相同的会计核算标准，如财务报告编制准则、会计准则等。第三，统一会计制度。采用相同的会计制度，包括会计科目的设置、会计处理流程等。

通过以上措施，可以有效地实现统一会计处理方法，确保财务数据的一致性和可比性，从而提高合并报表的准确性。

二、选择科学的合并方式

在合并会计报表编制过程中，选择科学的合并方式对于报表准确性和质量具有重要意义。

（一）选择合理的会计政策

在合并会计报表编制中，各公司会计政策的差异会影响报表准确性，需要统一会计政策，避免会计政策不一致性导致的问题。为了解决会计政策不一致性的问题，在合并会计报表编制中，需要统一会计政策。将各个公司的会计政策统一为一个标准，从而消除会计政策不一致性的影响。

需要注意的是，要确保所采用的会计政策是符合会计准则的，避免违背会计政策导致的问题。同时，母公司也需要根据公司实际情况和业务特点选择合适的会计政策，以确保合并会计报表的准确性和可靠性。

（二）选择合理的货币计量单位

在合并会计报表编制中，如果涉及不同货币计量单位，需要进行货币折算，选择合理的货币计量单位以确保报表准确性。不同公司可能使用不同的货币计量单位进行会计核算，这会影响其资产负债表和利润表的金额。为了使不同公司的报表能够进行比较和合并，需要将其金额进行货币折算。

在选择合适的货币计量单位时，需要考虑多方面的因素，包括公司的业务范围、地理位置、财务政策、汇率风险等。同时，还需要遵守国际会计准则的规定，在合并会计报表编制中使用统一的货币计量单位，以确保报表的准确性和可比性。

一些常见的货币计量单位包括本国货币、美元、欧元等。在选择合适的货币计量单位时，需要考虑该货币是否广泛使用、是否易于兑换、是否存在通货膨胀等因素，以及与其他货币的汇率波动情况。选择合适的货币计量单位可以确保报表的准确性和可比性，进而提高投资者和利益相关者对企业财务状况的理解和信任。

（三）选择合理的会计师事务所进行审计

在合并会计报表编制中，选择合适的会计师事务所进行审计是确保报表准确性和质量的重要步骤。会计师事务所是专门从事会计审计、税务咨询等业务的专业机构，拥有丰富的经验和专业知识，可以提供高质量的审计服务。

首先，选择专业经验丰富的会计师事务所可以确保合并会计报表编制符合财务报告准则和审计准则的要求。会计师事务所通常都会遵循国际财务报告准则和审计准则的要求，对报表的编制和审计进行标准化和规范化的管理。这样可以确保编制出来的合并报表质量符合国际标准，有助于提高公司的透明度和形象。

其次，选择资质较高的会计师事务所进行审计可以减少财务报表存在的风险。会计师事务所通常会对财务报表中的会计政策、会计核算方法、会计估计、财务报表附注等进行审计，发现问题并提出意见和建议。这可以避免财务报表中未被发现和解决的问题对企业经营产生不利影响。此外，会计师事务所还可以为企业提供风险评估和管理咨询等服务，帮助企业识别和降低风险。

选择合适的会计师事务所进行合并会计报表的审计是确保报表准确性和质量的关键步骤。企业应该选择具有资质和经验的会计师事务所，并充分了解其业务范围、资质和经验，以确保合并会计报表的质量和准确性，提高企业信息披露的透明度和企业形象。

三、规范内部交易抵销行为

内部交易在企业中普遍存在，如果不规范内部交易抵销行为，会对合并报表的准确性造成一定的影响。为了规范内部交易抵销行为，企业可以采取以下措施：第一，建立内部交易规范。企业可以制定内部交易规范，明确内部交易的相关流程和标准，规范内部交易行为。第二，严格审批内部交易。企业应该对内部交易进行严格审批，确保内部交易符合公司政策和规定，并且避免内部交易造成的损失和风险。第三，统一会计处理方法。企业应该统一会计处理方法，确保各公司的财务信息具有可比性，避免会计政策不一致性导致的问题。第四，做好内部交易记录。企业应该做好内部交易记录，确保内部交易信息的准确性和完整性，为合并报表编制提供参考依据。

通过规范内部交易抵销行为，企业可以避免内部交易对合并报表准确性的影响，确保合并报表的真实性和可靠性，提高合并报表的质量。

第七章
财务报告分析及改进方法

第一节 财务报表概述

财务报表是指在日常会计核算资料的基础上，按照规定的格式、内容和方法定期编制的，综合反映企业某一特定日期财务状况和某一特定时期经营成果、现金流量状况的书面文件。

一、财务报表的作用

财务报表是企业在一定时间范围内反映其财务状况、经营成果和现金流量状况的主要工具，具有以下五个作用：第一，提供决策依据。财务报表能够提供给企业管理层和股东们对企业财务状况的准确评估，为制定合理的战略和决策提供重要的参考和依据。第二，帮助公司进行融资。财务报表能够向外界传递企业的财务状况，对于企业在融资过程中提供重要的参考信息。第三，推动公司的改进。通过财务报表，企业能够发现自身存在的问题和瓶颈，以便及时采取措施加以改进，提高企业的财务状况。第四，评价公司绩效。财务报表能够通过比较不同时间段的财务数据，评价公司的业绩和成长潜力，也可以用来比较公司与同行业竞争对手的财务状况，从而较为科学地评估公司的竞争力。第五，向政府和公众提供信息。财务报表是企业向政府、公众及其他相关方提供财务信息的主要途径，既能为政府监管提供基础数据，也能提高公司财务信息透明度，增加公众对企业的信任度。

财务报表在企业的决策、融资、改进、评价和信息披露等方面都具有重要的作用。

二、财务报表的种类

（一）资产负债表

展示公司在某一时间点上的资产、负债和股东权益的情况。

资产负债表是财务报表中的一种，展示了公司在某一时间点上的资产、负债和股东权益的情况。它是一份重要的财务报表，不仅对公司管理层，而且对外部投资者、债权人和潜在投资者等各方都具有很大的参考价值。

资产负债表中的"资产"包括公司拥有和控制的有形和无形资源，如现金、应收账款、存货、投资、固定资产、无形资产等。这些资产的价值可以为公司带来收益或增加公司的生产能力。"负债"包括公司的债务和其他负债，如短期债务、长期债务、应付账款、未缴纳税款等。这些负债需要公司以后承担还款义务，并需要支付利息。"股东权益"包括实收资本、资本公积和盈余公积等。它代表了公司归属于股东的净资产。

资产负债表按照会计准则的要求列示，并按照资产和负债的流动性和可变现程度分类。这些分类可以帮助分析师和投资者更好地了解公司的资产和负债情况，从而更好地评估公司的财务状况和风险。

资产负债表是一个快照，它展示了公司在特定时间点上的财务状况。它与利润表和现金流量表相比，更关注公司的静态财务状况，而不是公司的动态表现。然而，资产负债表仍然是投资者评估公司财务状况的重要工具之一。

在资产负债表上，资产和负债通常按照流动性和可变现程度进行排列，这些排列被称为"流动性顺序"。流动性顺序通常从最流动的资产或负债开始，逐渐向最不流动的资产或负债移动。这种顺序有助于分析师和投资者更好地了解公司的流动性状况，并确定公司的财务稳定性。除了展示公司的资产、负债和股东权益，资产负债表还可以提供其他重要的信息，如公司的资本结构、公司的债务水平、公司的营运能力、公司的盈利能力等。这些信息对投资者、债权人、分析师等财务利益相关者都非常重要。

（二）损益表（利润表）

损益表，或称利润表，是财务报表中的重要组成部分，它反映了公司在一定时期内的收入、成本和利润情况。通常情况下，公司会在每个会计期间结束后编制损益表，以便为股东、管理层、潜在投资者和其他利益相关方提供有关公司业绩和财务状况的信息。下面对损益表的基本内容、编制方法及作用进行详细介绍。

1. 损益表的基本内容

损益表通常包含以下主要部分：

（1）营业收入

营业收入是公司在一定时期内从正常经营活动中获得的所有收入，包括商品销售收入、服务收入等。

（2）营业成本

营业成本是指公司在一定时期内从正常经营活动中发生的所有成本，包括原材料成本、制造成本、销售成本、劳务成本等。

（3）销售费用

销售费用是指公司在一定时期内从正常经营活动中发生的所有销售费用，包括广告费用、促销费用、运输费用、仓储费用等。

（4）管理费用

管理费用是指公司在一定时期内从正常经营活动中发生的所有管理费用，包括办公室租金等。

（5）财务费用

财务费用是指公司在一定时期内从正常经营活动中发生的所有财务费用，包括利息费用、手续费等。

（6）营业利润

营业利润是指公司在一定时期内从正常经营活动中获得的利润。

(7) 投资收益

投资收益是指公司在一定时期内从投资活动中获得的收益，包括股利收入、利息、股权转让收益等。

(8) 营业外收入

营业外收入是指公司在一定时期内从非正常经营活动中获得的所有收入，包括政府补贴、赔偿收入等。

(9) 营业外支出

营业外支出是指公司在一定时期内从非正常经营活动中发生的所有支出，包括罚款支出等。

(10) 净利润

净利润是指公司在一定时期内从所有经营活动中获得的利润总额减去所得税后的金额，计算公式为营业利润加上投资收益和营业外收入减去营业外支出和所得税费用。

2. 损益表的编制方法

损益表的编制方法包括以下步骤：第一，确定报表期间。损益表通常是按照年度编制的，因此需要确定报表期间，一般为一年。第二，收集财务数据。收集公司在报表期间内的所有财务数据，包括营业收入、成本、费用等信息。第三，分类整理数据。对收集到的财务数据进行分类整理，按照营业收入、营业成本、销售费用、管理费用、财务费用等项目进行归类。第四，计算各项数据。按照所归类的项目分别计算营业收入、营业成本、销售费用、管理费用、财务费用等数据，并计算出营业利润、投资收益、营业外收入、营业外支出和净利润等。第五，审核和调整数据。对计算出的各项数据进行审核和调整，确保数据的准确性和真实性。第六，编制报表。将审核和调整后的数据填入损益表中，形成最终的损益表。

3. 损益表的作用

损益表对公司的管理层、股东、潜在投资者和其他利益相关方具有以下作用：第一，了解公司的盈利能力。通过损益表可以了解公司在一定时期内的收入、成本和利润情况，从而了解公司的盈利能力。第二，分析公司的经营状况。通过损益表可以分析公司的营业收入、营业成本、销售费用、管理费用和财务费用等项目，从而了解公司的经营状况。第三，制订经营计划。通过损益表可以了解公司在一定时期内的盈利情况，从而帮助管理层制定更加有效的经营计划。第四，提高公司的融资能力。通过损益表可以展示公司的盈利能力和财务状况，从而提高公司的融资能力。

（三）现金流量表和股东权益变动表

1. 现金流量表

现金流量表展示公司在一定时期内的现金流入和流出情况，包括经营、投资和筹资活动的现金流量。

2. 股东权益变动表（或称所有者权益变动表）

股东权益变动表反映公司在一定时期内股东权益的变化情况，包括股本、公积金、留存收益等。

此外，还有附注、财务报表说明等补充信息。这些报表在合并会计报表中同样会涉及。

公司财务报表为公司的管理层、股东、潜在投资者以及其他利益相关方提供了有关公司业绩和财务状况的重要信息。通过财务报表，人们可以了解公司的营业收入、营业成本、净利润等关键指标，以便做出更加明智的投资和经营决策。其中，损益表还可以帮助公司管理层分析公司的盈利能力和成本结构，制定更有效的经营策略和措施。因此，编制准确、清晰、完整的财务报表对于公司的财务管理和决策具有非常重要的意义。

三、财务报表的编制要求

（一）数字真实

数字真实是财务报表编制的重要要求之一。数字真实要求财务报表中的各项数据必须真实准确地反映公司的财务状况和经营业绩,不能存在虚假、误导性的数据。这不仅是财务报表编制的基本要求,也是企业诚信经营的基础。如果财务报表中存在虚假、误导性的数据,将会影响投资者的决策,也可能会引发企业信用危机,对企业的发展造成严重影响。

为了确保数字真实,企业需要按照会计准则和会计制度的规定,正确计量和披露各项财务信息。企业应建立健全内部控制制度,确保财务报表的准确性和可靠性。企业还应该定期进行内部审计和外部审计,及时发现和纠正财务报表中存在的问题。此外,企业还应该公开财务信息,接受社会各界的监督和审查,增强数字真实的公信力。

数字真实的要求不仅适用于财务报表编制的过程,也适用于企业的日常经营活动。企业应该遵守各种法律法规和商业道德规范,保证企业经营的合法性、合规性和诚信性,从而为数字真实提供保障。

(二)内容完整、真实、准确

财务报表的编制要求之一是内容完整。财务报表应该包括公司在一定时间内的资产、负债、所有者权益、收入、成本、利润和现金流量等方面的信息。财务报表的内容应该反映公司的财务状况和经营业绩,真实、准确地反映公司的财务情况。为了确保报表内容的完整性,企业需要做好以下工作:第一,做好数据收集工作。企业需要收集各个部门和子公司的财务数据,确保数据的准确性和完整性。在数据收集过程中,需要注意保护数据的安全,避免数据泄露。第二,建立完整的会计档案。企业需要建立完整的会计档案,包括原始凭证、账簿、报表和相关文件等,以便核实和审核报表数据的真实性和准确性。第三,财务报表的编制应符合会计准则和法律法规的要求。企业需要遵守相关的会计准则和法律法规,确保财务报表的编制符合规定要求。第四,对财务报表进行审计。企业应该委托专业的会计师事务所对财务报表进行审计,以确保财务报表的真实性、准确性和完整性。第五,及时更新财务报表。企业需要及时更新财务报表,反映公司最新的财务状况和经营业绩，确保报表的时效性和有效性。

通过做好以上工作，企业可以确保财务报表的内容完整、真实和准确，为管理层、投资者和其他利益相关方提供有价值的信息。

（三）计算准确

编制财务报表必须计算准确，这是保证财务报表信息真实可靠的重要保证。财务报表的编制需要遵循以下要求：

1. 核对账簿记录和其他相关资料

编制财务报表时必须依据核对无误的账簿记录和其他有关资料，确保数据的准确性和真实性。必须对所有的原始交易记录、账单、收据、发票等资料进行核对，确保每一笔交易记录的准确性和真实性。

2. 遵循会计准则和规范

在编制财务报表时，必须遵循会计准则和规范，严格按照会计准则的要求进行会计处理和核算，确保财务报表的真实可靠性。

3. 避免使用估计或推算的数据

在编制财务报表时，应避免使用估计或推算的数据，所有数据必须基于确切的原始数据和核对无误的资料计算得出，确保数据的准确性。

4. 严格遵守法律法规

在编制财务报表时，必须严格遵守相关的法律法规，避免违反相关法律法规导致的财务报表不准确或不合法。

5. 禁止弄虚作假

在编制财务报表时，绝不能以任何方式弄虚作假，玩数字游戏或隐瞒谎报。必须保证财务报表的真实可靠性，任何形式的弄虚作假都是不允许的。

财务报表的编制要求计算准确，只有确保数据的准确性和真实性，才能保证财务报表的真实可靠性。这需要遵循会计准则和规范，严格遵守相关的法律法规，禁止弄虚作假，保证财务报表信息的真实性、准确性和完整性。

（四）报送及时

财务报表的编制要求之一是报送及时。在财务报表编制过程中，应该遵守相关的报表报送时间要求。一般来说，公司的年度报告应该在一年结束后的三个月内完成，季度报告应该在季度结束后的一个月内完成，半年度报告应该在半年度结束后的两个月内完成。这些时间要求的制定是为了使股东、投资者和其他利益相关者能够及时了解公司的财务状况和经营情况，从而更好地做出投资决策。如果财务报表的报送时间延迟，可能会影响公司的信誉度，引起股东和投资者的不满，甚至可能引起监管部门的调查。因此，公司应该严格遵守相关的报表报送时间要求，确保财务报表及时准确地发布。

（五）手续完备

财务报表编制的另一个重要要求是手续完备。这意味着需要在编制报表的过程中遵循相关法规和规定，确保所有需要的文件、记录和批准程序都已完整、准确地准备好，并按时提交给相关部门和人员。例如，在提交年度财务报表时，通常需要包括审计报告、管理层讨论和分析报告、公司董事会批准文件等。如果这些文件或记录缺失或不完整，将会对报表的准确性和可靠性产生负面影响，也可能导致违反法律法规。

因此，财务报表的编制需要在确保手续完备的前提下进行。这意味着需要建立健全的内部控制制度，确保所有需要的文件和记录都被完整、准确地保留，并且能够及时地提交给相关部门和人员。同时，还需要确保财务报表编制的过程符合相关法律法规和规定，以避免违反法律法规的风险。

四、财务报表分析在企业中的应用价值

随着我国当前社会经济的不断发展，企业所涉及的业务范围逐渐朝着宽泛性的方向而不断地发展，改变了以往单一性的发展局面和业务范围，

因此在新时期下需要探索出一条新的发展之路，从而提高企业当前的发展水平以及发展质量，比如在实际工作中要开展针对性的财务报表分析工作，为领导人员实施重要决策提供合理性的依据，在实际工作中需要全面了解财务报表的概念和作用，从而为后续工作奠定坚实的基础。

（一）财务报表分析概述

财务报表分析是一种基于财务报表的方法，用于评估企业的经济状况、盈利能力、财务风险等方面的分析工作。财务报表分析能够帮助企业了解其内部运营状况和外部市场情况，有助于企业在未来做出正确的决策。

财务报表分析的主要内容包括：第一，比率分析。通过对财务报表中的各项数据进行计算和比较，得出有关企业经营状况的各种比率，如流动比率、速动比率、资产周转率等，进而判断企业经营状况。第二，趋势分析。通过对财务报表中同一项目在多个会计期间的变化情况进行比较，发现其发展趋势，如销售收入、利润、资产总额等，有助于了解企业发展的方向。第三，垂直分析。通过对财务报表中不同项目在同一会计期间的占比情况进行比较，了解不同项目在整个财务报表中所占比重，如资产负债表中各项资产、负债和股东权益的占比情况等。第四，经营效益分析。通过对财务报表中收入和成本、利润等项目进行分析，评估企业的经营效益，并探究如何提高经营效益的方法和途径。第五，风险评估分析。通过对财务报表中负债和利润等项目进行分析，评估企业的财务风险，并寻找降低财务风险的途径和方法。

财务报表分析对企业管理具有重要意义，它可以帮助企业了解自身经营状况，以便制定更加科学的经营决策。通过财务报表分析，可以发现企业存在的问题和不足，及时进行调整和改进，提高企业经营水平和效率。同时，财务报表分析也可以为投资者、银行等利益相关方提供有关企业经营状况和财务状况的信息，有助于建立互信关系和提高企业声誉。然而，在财务报表分析过程中也存在一些需要注意的问题。第一，需要注意数据的来源和准确性，确保所分析的数据真实可靠。第二，需要考虑企业经营环境的变化，及时调整分析方法和指标体系，以确保分析结果具有可靠性和实用性。第三，还需要注意数据的细节和背景信息，避免只看表面数字而忽略了数据背后的实际情况。

（二）财务报表分析的作用

评估企业的盈利能力和稳定性：通过分析损益表和资产负债表，可以了解企业的盈利情况以及负债和资产的结构，从而评估企业的盈利能力和稳定性。

1. 识别企业存在的问题和挑战

财务报表分析可以帮助管理层及时发现企业存在的问题和挑战，例如资金短缺、成本过高等，从而及时采取措施进行调整和改进。

2. 制定合理的财务策略

通过对财务报表的分析，企业可以制定更加合理的财务策略，例如投资计划、财务预算等，从而提高企业的财务管理水平。

3. 辅助决策和投资

财务报表分析可以为企业的决策和投资提供重要的依据和参考，例如评估投资项目的潜在回报率、选择合适的融资方式等。

财务报表分析对于企业的管理、决策和投资都具有重要的意义，可以帮助企业全面掌握财务信息，提高财务管理水平和效率，增强企业的竞争力和稳定性。

（三）财务报表分析的局限性

财务报表分析作为企业日常财务管理和决策中不可或缺的一环，具有重要的意义和作用。然而，财务报表分析也存在一些局限性，主要表现在以下四个方面：

1. 财务报表本身的局限性

财务报表是以历史数据为基础编制的，仅反映了企业在过去某一特定时期的财务状况和业绩表现，无法预测未来。此外，财务报表仅反映企业的财务状况，而对于企业的非财务因素，如市场环境、政策环境等因素的影响，财务报表无法全面反映，需要结合其他信息进行分析。

2. 财务报表分析方法和工具的局限性

财务报表分析需要运用各种分析工具和方法，如比率分析、趋势分析、竞争分析等。但是，这些方法和工具都有其自身的局限性，无法全面反映企业的财务状况和业绩表现。比如，比率分析只能反映财务数据之间的关系，而无法反映其背后的原因和影响因素。

3. 数据质量的限制

财务报表分析的准确性和可靠性受到数据质量的限制。如果企业的财务数据存在误差、漏报、重复等问题，就会影响财务报表分析的准确性和可靠性。此外，财务数据的处理和计算过程中也可能出现人为操作和偏差，影响数据的真实性和可靠性。

4. 环境因素的影响

企业的财务状况和业绩表现不仅受企业自身内部因素的影响，还受外部环境因素的影响，如市场环境、经济环境、政策环境等。这些因素的变化可能会导致企业的财务状况和业绩表现发生变化，从而影响财务报表分析的准确性和可靠性。

财务报表分析虽然具有重要的意义和作用，但是也存在一些局限性。为了更好地应对这些局限性，企业需要在财务报表分析工作中加强数据的质量管理，结合多种分析方法和工具进行分析，同时考虑外部环境因素的影响，以提高财务报表分析的准确性和可靠性，为企业的决策提供更多有力的支持和指导。此外，企业也需要意识到财务报表分析是一个持续不断的过程，需要不断地更新数据和分析方法，以适应不断变化的经济环境和市场需求，从而更好地满足企业自身的发展需求。另外，在财务报表分析工作中，也需要注意到信息披露的问题。企业应该遵守相关法律法规和规范要求，及时披露财务信息，确保信息的真实可靠性和完整性，避免误导投资者和其他利益相关方。

（四）财务报表分析在企业中的应用价值

1. 偿债能力分析的应用价值

财务报表分析在企业中有多种应用价值，其中之一就是对企业偿债能力进行评估和分析。偿债能力是企业财务稳定性的一个重要指标，它可以衡量企业在规定期限内清偿债务的能力，同时也反映了企业对外部债务的依赖程度。以下是财务报表分析在企业偿债能力分析方面的具体应用价值：

负债结构分析。负债结构分析是指对企业的负债情况进行梳理和分析。在财务报表中，可以通过资产负债表中的负债部分来了解企业的债务情况。负债结构分析可以帮助企业了解自身的债务种类、债务金额、债务期限等信息，从而更好地规划偿债计划，避免出现债务风险。

流动比率分析。流动比率是指企业流动资产与流动负债之间的比率。通过流动比率分析，可以了解企业在规定期限内能够清偿短期债务的能力。如果企业流动比率较高，则说明企业具备一定的偿债能力；反之，则需要进一步探究企业的债务情况，以避免债务危机的发生。

速动比率分析。速动比率是指企业速动资产与流动负债之间的比率。速动资产包括现金、银行存款和有价证券等，它们具有较高的流动性，可以快速地用于偿还债务。通过速动比率分析，可以了解企业在不考虑存货的情况下能够清偿短期债务的能力，对企业的偿债能力进行更加细致的评估。

通过分析企业的偿债能力，可以预判企业未来的偿债状况，为企业的财务决策提供重要的参考。在分析债务偿还能力时，需要考虑到企业的现金流量、债务期限、债务金额等因素，综合分析企业的债务情况，以制订合理的偿债计划。

财务报表分析在企业偿债能力方面具有重要的应用价值。通过负债率、利息保障倍数等指标的分析，可以帮助企业及时发现财务风险和偿债压力，采取有效措施保障企业偿债能力和稳健运营。同时，财务报表分析也可以为企业的融资决策提供参考，了解企业当前的财务状况和偿债能力，选择合适的融资方式和融资规模。因此，企业在日常经营中需要重视财务报表分析，在偿债能力方面加强监控和管理，以保证企业的可持续发展。

2. 现金流量分析的应用价值

现金流量是企业运营中最为关键的财务指标之一，它反映了企业在一定时期内现金的流入和流出情况。因此，现金流量分析在企业管理中具有重要的价值。

首先，通过现金流量分析可以了解企业的现金流量状况，及时发现和解决企业面临的资金紧张、现金流短缺等问题，从而提高企业的财务稳定性和偿债能力。其次，现金流量分析可以帮助企业优化资金结构，合理规划现金流量，降低财务风险，提高企业的盈利能力。此外，现金流量分析还可以为企业制定资本预算、投资决策等方面提供重要的参考依据。

然而，现金流量分析也存在着一些限制和挑战。例如，现金流量分析需要大量的数据支持，而在一些情况下，企业可能存在数据不完整、不准确等问题，影响现金流量分析的准确性。此外，现金流量分析也需要考虑外部环境的影响，如市场环境、政策法规等，因此需要对相关外部因素进行充分的研究和分析。

现金流量分析在企业管理中具有重要的价值，可以帮助企业提高财务稳定性和偿债能力，优化资金结构，降低财务风险，提高盈利能力，为企业的发展提供重要的支持和帮助。

3. 盈利能力分析的应用价值

财务报表分析在企业中的另一个重要应用价值是评估企业的盈利能力。盈利能力是企业实现盈利的能力，也是股东和投资者最为关注的指标之一。财务报表分析可以通过对利润表、资产负债表和现金流量表的分析，评估企业的盈利能力，包括以下几个方面：

利润水平。利润水平是衡量企业盈利能力的主要指标之一。通过分析企业的利润表，可以了解企业的收入、成本和费用情况，计算出企业的净利润和利润率等指标，从而评估企业的盈利水平。

资产回报率。资产回报率是衡量企业资产利用效率的指标。通过分析企业的资产负债表和利润表，可以计算出企业的总资产回报率、净资产回报率等指标，评估企业的资产利用效率和盈利能力。

现金流量。现金流量是衡量企业盈利能力的重要指标之一。通过分析企业的现金流量表，可以了解企业的现金流入流出情况，计算出企业的经营、投资和筹资活动现金流量等指标，从而评估企业的盈利能力和现金流量状况。

成长性。成长性是衡量企业盈利能力的重要指标之一。通过分析企业的财务报表，可以了解企业的历史发展和未来成长潜力，评估企业的盈利能力和发展前景。

财务报表分析在企业盈利能力方面具有重要的应用价值。通过分析企业的利润水平、资产回报率、现金流量和成长性等指标，可以全面了解企业的盈利能力和发展潜力，为企业的决策提供有力的支持。

第二节　财务报表列报和披露中常见的问题

根据企业会计准则及相关规定，企业应当遵循与财务报表列报相关的准则规定，正确列报企业的财务状况、经营成果和现金流量，并充分披露与理解财务报表相关的重要信息，以向财务报表使用者提供决策有用信息。年报分析发现，部分上市公司在编制财务报表时，存在列报不规范、披露不充分的问题。

一、固定资产处置收益列报问题

固定资产处置收益是指企业通过出售、报废或其他方式处置固定资产所获得的收益。在财务报表中，固定资产处置收益通常被列入营业外收入中，以反映企业在日常经营以外的投资、融资等活动所获得的收益。然而，在实际中，固定资产处置收益的列报常常存在一些问题。

一些企业可能会将固定资产处置收益列入营业收入中，以提高企业的经营业绩，从而获得更多的资金支持。这种行为是不正确的，因为固定资产处置收益属于营业外收入，与企业的日常经营业绩无关，不应该列入营业收入。

因此，在财务报表编制过程中，企业需要遵守相关的会计准则和法律法规，将固定资产处置收益列入正确的账户中，真实、准确地反映企业的经营状况和财务状况。同时，企业应当建立健全的内部控制制度，加强对财务报表编制的监督和审计，避免虚增固定资产处置收益等不当行为的发生。

二、利息相关列报问题

在财务报表列报和披露中，利息相关的列报问题是比较常见的问题之一。以下是一些可能出现的问题：

利息支出列报问题：企业需要在财务报表中列报其支付的利息支出。然而，有时企业可能会将某些利息支出错误地列入其他费用类别中，导致财务报表数据失真。

利息收入列报问题：企业如果有利息收入，需要在财务报表中列报。但是，有时企业可能会将某些利息收入错误地列入其他收入类别中，同样会导致财务报表数据失真。

利息资本化列报问题：企业在购买或建造固定资产时，可能会产生大量的利息支出。这些利息支出应该被资本化，即被加入资产的成本中。但是，有时企业可能会错误地将这些利息支出列入其他费用类别中，或者没有资本化全部的利息支出，从而导致财务报表数据失真。

利息税前/税后列报问题：企业在列报利息相关数据时，需要区分税前和税后金额。有时企业可能会混淆这两个金额，或者忘记在财务报表中明确区分，从而导致数据不准确。

这些问题都可能会影响企业的财务报表的准确性，因此企业需要在编制财务报表时特别注意这些问题。

三、税款相关列报问题

财务报表中税款相关的列报问题包括以下三个方面：

一是所得税费用的列报问题：企业需要按照会计准则和税法规定计算所得税费用，并在资产负债表和利润表上列报所得税费用和递延所得税资产和负债等信息。但是，由于所得税计算存在一定的复杂性和主观性，可能导致税务和财务在所得税费用的计算上存在差异，需要通过适当的调整来保证财务报表的准确性。

二是增值税的列报问题：企业需要按照税法规定计算增值税的应纳税额，并在资产负债表和利润表上列报增值税信息。但是，由于增值税的计算涉及多种因素，如税率、抵扣、退税等，可能存在一定的风险和不确定性，需要通过合理的税务筹划和风险管理来降低企业面临的税务风险。

三是其他税费的列报问题：企业还需要按照税法规定计算和列报其他税费，如城市维护建设税、资源税、城镇土地使用税等，以保证财务报表的准确性和规范性。但是，由于这些税费计算的复杂性和多样性，可能需要企业在税务筹划和风险管理方面加强措施，以降低税务风险并提高财务报表的准确性和规范性。

四、现金流量表相关问题

现金流量表是财务报表中重要的一部分，记录企业在一定期间内的现金流量情况。在现金流量表的编制中，常见的问题包括以下几个方面：

项目分类不准确：现金流量表需要将现金流量分为经营活动、投资活动和筹资活动三大类。如果项目分类不准确，将会导致现金流量表不准确，影响企业决策。

项目漏报或错报：现金流量表的编制需要仔细核对每个项目的数值和来源，避免遗漏或重复报告现金流量项目。同时，需要确保每个项目的分类准确，避免将某些现金流量误报到不正确的活动类别中。

时间跨度不一致：现金流量表中的时间跨度通常为一年，但有时也需要编制中间期现金流量表。如果时间跨度不一致，将会影响数据的比较和分析，导致决策不准确。

列报格式不规范：现金流量表需要按照规范的格式列报，包括各项现金流量的名称、金额、增减情况等信息。如果格式不规范，可能会导致数据难以理解和比较。

解释不清：现金流量表需要配有详细的注释和解释，以便读者理解各项现金流量的来源和用途。如果解释不清，将会影响读者对企业财务状况的理解和评估。

五、融资租赁信息披露问题

融资租赁是指出租人将资产租给承租人使用，并由承租人支付租金，出租人持有该资产的所有权，在租赁期结束后可以选择回购资产或者继续出租给承租人。在财务报表中，融资租赁需要披露相关信息，以便用户能够全面了解公司的财务状况和经营情况。

常见的融资租赁信息披露问题包括：第一，融资租赁资产的披露。应当明确列示融资租赁资产的种类、数量、价值以及相关的租赁协议和条款。

第二，租赁负债的披露。应当明确列示租赁负债的种类、数量、租赁期限、租金支付情况以及未来的租金支付义务。第三，租赁费用的列报。公司应当按照适用的会计准则将租赁费用列报到利润表上，同时在现金流量表中披露相关信息。第四，租赁期剩余还款额的披露。应当明确列示租赁期剩余还款额及其对应的时间表。第五，融资租赁资产折旧及折旧方法的披露。应当明确列示融资租赁资产的折旧方法及其预计使用寿命和残值，以及其对应的折旧额。

在披露融资租赁信息时，应当遵循相关的会计准则和报告规范，确保信息的真实、准确、完整和及时。同时，公司应当注重披露信息的可读性和可理解性，让投资者和其他利益相关方能够充分了解公司的融资租赁活动对公司财务状况和经营情况的影响。

六、递延项目对财务报表的影响

递延所得税是财务报告的重要组成部分，可具体细分为递延所得税负债和递延所得税资产，递延所得税对财务报告的信息质量影响较大，已经引起了社会各界的关注。

递延所得税是会计上一项非常重要的递延项目，它主要体现为企业当前税收上缴应付金额的变化情况。递延所得税对财务报表的影响较为复杂，可能对财务报表的信息质量产生积极和消极的影响。

首先，递延所得税的正确计算和披露可以提高财务报表的信息可靠性和准确性。递延所得税涉及企业未来的税收承担情况，是企业财务状况的重要指标之一。通过正确计算和披露递延所得税，可以使企业内外部利益相关方更好地了解企业未来的财务状况和风险，从而更好地制定决策和规划。

其次，递延所得税的计算方法和披露方式不规范可能会对财务报表的信息质量产生消极影响。如果企业在计算递延所得税时，忽略了一些重要的因素，或者将一些不应计入递延所得税的因素计入其中，可能导致递延所得税计算错误，从而对财务报表的信息质量产生不良影响。此外，如果企业披露的递延所得税信息不规范，如未按照会计准则要求分类披露或者未按照规定时间披露，可能会影响利益相关方对企业财务状况的判断和信任，进而对企业的经营和发展产生不良影响。

递延所得税是企业财务报表中的重要递延项目，正确计算和披露可以提高财务报表的信息可靠性和准确性，但不规范的计算方法和披露方式可能会对财务报表的信息质量产生消极影响。因此，企业应加强递延所得税的管理和监控，确保递延所得税的计算和披露规范化，从而提高财务报表的信息质量。

第三节　新时期现行财务报告的改进方法

在当前社会经济发展条件下，企业会计信息对于企业经营发展有着至关重要的影响。通过对会计信息进行整理和分析，了解企业实际发展情况，了解行业发展情况以及其他经营业公司财务管理实际情况。根据所得的相关财务数据，及时调整本公司未来发展战略，保证企业经济效益，提高企业财务管理内部控制管理水平，以便企业经营者制定正确的投资决策、贷款决策、筹资决策，提高资金使用效率。为了提高企业财务管理质量和水平必须创新和改进传统财务报告分析方法，对会计信息进行整理和分析。

一、企业财务报告的性质及信息的基本特征

（一）财务报告的性质

财务报告是以企业经营过程中的基本事实为基础编制的。财务报告是

企业向外界披露自身财务状况的一种方式,是企业财务会计的重要成果之一。财务报告既为企业决策者提供有用信息,也为外部用户提供完整信息。作为会计的基本功能,财务报告通过记录和反映经济活动的具体数据来展现经济效果和质量。随着经济活动的不断发展和复杂化,财务报告的重要性愈加凸显。

财务报告的质量方面需要有一定的保证,这一保证是被动的,需要依靠相关的规章制度进行规范和监管。财务报告必须保证真实有效,不能造假,以维护企业的信誉,便于政府进行经济管理,对企业股东负责。财务报告遵循公平、充分和恰当的原则。公平是指财务报告应该符合社会普遍认可的公平标准,不应该歪曲事实或误导公众。充分性要求财务报告能够连续地反映企业的经济活动,尽可能地提供最完整的信息。恰当性是为了提供最有效的信息,而不是迷惑用户或误导他们。

财务报告是企业向外界展示财务状况的重要途径,对于企业、政府、投资者和其他相关方面都具有重要的意义。财务报告应该确保其质量和准确性,遵循公平、充分和恰当的原则,为各方提供有用的信息和参考,为企业的可持续发展和社会经济的稳定发展作出贡献。

(二)财务报告信息的特征

财务报告信息的特征包括完整性、准确性、及时性、可比性和可读性等。这些特征的强化可以提高财务报告的质量和对决策者的有用性。

完整性是指财务报告需要包括所有重要的财务信息,以反映企业的全部经济活动。此外,还需要对重要的递延项目、会计估计和会计政策等进行充分披露,以确保财务报告的完整性。

准确性是指财务报告中所提供的信息必须真实无误。同时,还需要对重要的会计估计和会计政策进行审慎的评估和披露,避免出现信息误导的情况。

及时性是指财务报告需要在合理的时间内向利益相关者提供。同时,还需要及时披露重要的财务信息，以满足利益相关者的信息需求。

可比性是指财务报告需要具有可比性，以便进行跨企业或跨时期的比较。同时，还需要对会计政策和会计估计等进行充分披露，以帮助利益相关者进行比较和分析。

可读性是指财务报告需要以简明易懂的方式呈现信息。在财务报告的编制过程中，需要采用清晰的语言和简明的表格，以便利益相关者理解和使用财务报告。

二、传统财务报告分析方法的局限性分析

（一）无法充分体现企业资产和负债实际情况

传统财务报告分析方法的局限性之一是无法充分体现企业资产和负债的实际情况。传统的财务报告分析方法主要关注企业的财务状况和经营业绩，比如利润、现金流量和资产回报等指标。这些指标虽然可以反映企业当前的经营状况，但并不能充分反映企业的资产和负债的实际情况。例如，企业的固定资产可能在财务报表上被折旧，但实际价值可能高于财务报表所显示的价值，因此传统的财务报告分析方法无法充分反映企业的真实价值。另外，传统财务报告分析方法还存在其他局限性，例如无法准确反映企业的风险状况、无法对企业未来的发展进行预测等问题。因此，需要通过引入新的分析方法和工具来弥补传统财务报告分析方法的局限性，例如引入风险管理工具、使用数据分析等技术手段，以更加全面和准确地分析企业的财务报告。

（二）计算能力有限，无法对企业资产进行充分计量

传统的财务报告分析方法主要是基于会计原则和公式进行计算和分析，计算能力有限，无法对企业资产进行充分计量。例如，传统的财务报告中，固定资产通常被列报为其原始成本减去累计折旧后的净值，而不是它们实际的市场价值。这样就无法准确反映企业资产的真实价值和质量。另外，

传统的财务报告也无法充分体现非财务因素对企业价值的影响，例如企业的品牌价值、员工素质等因素。

此外，传统财务报告分析方法还存在以下局限性：

忽略了企业未来的发展趋势和潜力。传统的财务报告主要反映过去的经营情况和财务状况，无法充分预测企业未来的发展趋势和潜力。

无法全面反映企业经营风险。传统的财务报告主要反映企业的财务状况和经营情况，无法全面反映企业的经营风险，例如市场风险、政策风险等。

无法准确反映企业治理和社会责任状况。传统的财务报告主要反映企业的财务状况和经营情况，无法准确反映企业的治理和社会责任状况，例如企业的合规性、反腐败措施等。

因此，在分析企业的财务状况时，需要结合其他信息来源，如市场分析、竞争对手情况、行业发展趋势、企业战略等，综合考虑企业的各方面情况，以更加全面、准确地评估企业的价值。

（三）侧重于反映企业财务信息，信息分析总结能力较差

传统财务报告分析方法的另一个局限性是侧重于反映企业财务信息，而忽略了其他重要的企业信息，例如市场营销、生产效率等。这些信息对企业的发展同样具有重要影响，但传统财务报告分析方法无法对其进行充分分析和总结。此外，即使是对财务信息的分析，传统方法也较为局限，仅能提供一些基本的财务指标和趋势分析，缺乏深入的解释和理解能力。因此，需要结合其他方法和工具，如经济学、市场分析等，以更全面、深入地分析企业信息，为决策提供更科学、准确的依据。

（四）时效性较差，信息披露存在局限性

传统财务报告分析方法的局限性之一是时效性较差，这是由于财务报告编制需要一定时间，尤其是年度报告的编制需要在年末完成，而在这段时间内，企业经营情况可能已经发生了很大的变化。因此，传统财务报告

分析方法可能无法及时反映企业的最新经营情况，给企业决策带来不利影响。另外，传统财务报告分析方法的信息披露也存在局限性。企业披露的信息通常是基于财务报告编制的，而财务报告只能反映企业的财务信息，不能全面反映企业的经营状况。例如，财务报告中并不能详细反映企业的市场竞争情况、战略规划、人才管理等非财务方面的信息，这就限制了传统财务报告分析方法的全面性和深度。

传统财务报告分析方法在分析企业财务状况方面具有一定的局限性，需要结合其他分析方法和工具进行综合分析，以更全面、准确地把握企业的经营状况和发展趋势。同时，企业也需要加强信息披露的广度和深度，以提高财务报告的实用性和时效性。

三、新时期财务报告分析方法的改进与创新

（一）新时期财务报告改进应遵循的原则

新时期财务报告分析方法的改进与创新需要遵循以下原则：

信息披露的全面性和透明度原则：财务报告应当提供企业全部的重要信息，确保信息的真实性、准确性和完整性，避免隐瞒和歧义性，确保信息的透明度和及时性。

信息呈现的可读性和易理解原则：财务报告应当通过清晰、简洁、易懂的方式来呈现信息，使信息易于理解和使用，方便各方面用户作出决策。

信息分析的实用性和价值原则：财务报告的信息应当有助于各方面用户了解企业经营状况和财务状况，包括未来发展趋势和风险情况，并为用户作出决策提供重要的参考价值。

报告编制的可比性和稳定性原则：财务报告应当遵循一定的编制标准和规范，确保各期财务报告的可比性和稳定性，避免由于编制方法和标准的变化导致信息的不一致。

利益相关者参与的原则：财务报告应当充分考虑不同利益相关者的需

求和利益，包括投资者、债权人、员工、供应商、顾客、政府等，让不同的利益相关者参与到财务报告编制和分析过程。

新时期财务报告分析方法的改进和创新需要遵循以上原则，以提高财务报告的信息质量和分析实用价值，促进企业经营和社会经济的健康发展。

（二）新时期财务报告局限性的改进措施

1. 提高现行财务报告在经济发展中的适应性

为提高现行财务报告在经济发展中的适应性，可以采取以下改进措施。

①加强财务报告标准化建设。制定和完善财务报告标准和规范，明确财务报告的编制要求和程序，规范财务报告的内容、格式和披露方式，提高财务报告的可比性和可读性。

②强化企业信息披露要求。要求企业在财务报告中充分披露重要信息，如经营策略、风险管理、关联交易、资本结构、股东权益等，加强企业信息披露的透明度，提高投资者的决策效率。

③推广非财务指标的应用。在财务报告分析中，应结合非财务指标进行分析，如市场占有率、客户满意度、员工满意度等，以补充财务报告中存在的局限性。

④引入数据挖掘和人工智能技术。利用数据挖掘和人工智能技术，对海量数据进行分析和挖掘，从而深入挖掘企业的潜在价值和风险，提高财务报告分析的效率和准确性。

⑤改进财务报告分析方法。发展新的财务报告分析方法，如基于风险管理的财务报告分析、基于价值驱动的财务报告分析等，从不同角度对企业的财务状况进行分析，以更好地指导企业经营决策。

2. 最大限度满足财务报告使用者的需求

针对新时期财务报告的局限性，可采取以下五种改进措施。

①加强与财务报告使用者的沟通交流，了解使用者对财务报告的需求

和期望，及时反馈使用者的反馈意见，并根据反馈进行改进。

②强化财务报告的信息披露，提高信息的透明度和准确性，尽可能满足使用者对信息的全面性和深度的需求。

③增强财务报告的解释性和分析性，注重对报表中数据的解读和分析，为使用者提供更多有价值的信息。

④加强与国际财务报告准则的对接，借鉴和吸收国际先进的财务报告编制经验，适应国际市场需求，提高财务报告的国际化水平。

⑤鼓励财务报告编制者和使用者之间的互动和合作，共同探讨财务报告的改进和创新，实现财务报告编制与使用的良性互动。

参考文献

[1] 钱慧. 浅议大数据背景下财务会计向管理会计转型策略[J]. 财经界，2020（27）：198-199.

[2] 占文雯.大数据对财务会计的影响[J].纳税，2019，13（32）：86+88.

[3] 朱玲.互联网背景下财务会计与管理研究[J].经贸实践，2018（3）：282.

[4] 成康.网络经济时代的财务会计发展问题研究[J].中国市场，2018（17）：189-190.

[5] 赵梅燕.财务会计与审计的关联性思考[J].纳税，2018，12（33）：97+99.

[6] 张黎敏.浅析现代财务会计向管理会计的转型[J].低碳世界，2017（16）：253-254.

[7] 郭颖.人工智能时代财务会计向管理会计的转型分析[J].大众投资指南，2021（13）：107-108.

[8] 冯强，杜敬秋.试论现代财务会计的基本程序[J].智富时代，2019（3）：1.

[9] 李芮.大数据背景下财务会计的转型[J].今日财富，2016（12）：122.

[10] 陈晓杰. 电子商务背景下财务会计转型存在的问题及对策[J]. 企业改革与管理，2021（4）：166-167.

[11] 王晓庆.浅谈政府会计制度改革对事业单位财务管理的影响[J].经营者，2020，34（5）：168-169.

[12] 路鑫鑫.《企业会计制度设计》课程建设研究[J].现代经济信息，2019（36）：431.

[13] 常启迪.试析新时期企业会计制度设计优化方案[J].现代营销（经营

版），2019，315（3）：169.

[14] 周鲜华，谷超.新中国70年企业会计制度变革与实务创新发展[J].会计之友，2019（20）：153-157.

[15] 朱一鸥.《民间非营利组织会计制度》改革对民办高校会计核算的影响及建议[J].商业会计，2020（11）：61-63.

[16] 常永.小规模纳税人执行《民间非营利组织会计制度》的会计核算探讨[J].中国工会财会，2020（3）：50-51.

[17] 孙继宇.关于对限定性净资产及相关的资产、费用会计核算的几点建议[J].中国注册会计师，2019（11）：84-87.

[18] 王晓丽.《政府会计制度》与《医院会计制度》具体应用对比探讨[J].山西财税，2019（5）：55-60.

[19] 谭琳霖.民间非营利组织会计制度和执行中的若干问题及对策[J].科技经济导刊，2020（21）.

[20] 李婕.基于云会计的企业会计信息化探究[J].现代经济信息，2019（10）：166+168.

[21] 谢玉霞.信息化与会计模式的创新[J].中国市场，2019（2）：176-177.

[22] 韩红坤.论信息化与会计模式创新[J].行政事业资产与财务，2018（13）：64-65.

[23] 段雪辰.中小企业会计信息化建设中存在的问题及对策研究[J].中国集体经济，2020（8）：137-139.

[24] 李红杰.内控视角下企业财务管理优化措施探讨[J].价值工程，2019，38（35）：106-108.

[25] 高茜.会计核算在企业内部控制中的作用分析[J].现代商业，2019（30）：187-188.

[26] 王曼丽.基于财务风险管理的集成电路设计企业内控体系构建[J].财会学习，2019（30）：232+234.

[27] 蔺广鑫.关于企业合并会计问题分析[J].现代营销（下旬刊），2019（5）：212.

[28] 王高艳.试论企业合并报表会计处理存在的问题及对策[J].财经界，2019（12）：143-144.

[29] 仇飞.新会计准则下企业合并财务报表的探讨[J].财会学习，2019（36）：131+133.

[30] 苏小冬.浅析企业集团合并财务报表编制存在的问题及对策[J].全国流通经济，2019（23）：183-184.

[31] 朱宁.关于企业合并会计报表问题对策的探析[J].商场现代化，2019（15）：148-149.

[32] 师珍.新会计准则下合并报表存在的问题及对策探析[J].财会学习，2021（6）：101-102.

[33] 沈敏.合并会计报表编制中的难点问题及相关建议[J].纳税，2020，14（33）：161-162.

[34] 张秀丽.新会计准则对合并报表的影响和应对措施[J].财经界，2020（35）：162-163.

[35] 范忠领.企业合并会计方法对合并报表的影响[J].财经界，2020（32）：161-162.

[36] 军忠.编制合并财务报表有关递延所得税抵消调整分录解析[J].财会学习，2018（1）：86-87.

[37] 文艳.合并财务报表改进分析及其对会计信息披露影响研究[J].财会学习，2017（4）：13-14.

[38] 王官利.大数据环境下融资企业合并报表存在的问题及对策[J].中国乡镇企业会计，2019（3）：96-97.

[39] 庆茜，谢晶晶.合并报表中常见特殊业务的会计处理方式分析[J].财会学习，2018（32）：117+119.

[40] 邱园林.财务报表分析在企业中的应用研究[J].现代国企研究，2018（33）：128-130.

[41] 张晔.财务报表分析在企业财务管理中的利用[J].财会学习，2018（17）：16-17.

[42] 刘娟娟.财务报表分析在企业财务管理中的价值和应用[J].信息周刊，2020（5）：69-70.

[43] 马维娟，刘晓娜.现行财务报告的局限性及其改革[J].现代商业，2020（32）：2.

[44] 宁海霞.论现行财务报告的信息缺失及改进[J].财会学习，2019（26）：1.

[45] 潘志峰.现行财务报告改进之我见[J].会计师，2020（7）：2.

[46] 李广艳.财务报告信息披露的局限性和改进措施[J].时代金融，2022（2）：3.

[47] 李军.企业财务报告审计的若干思考应用[J].现代经济信息，2019（10）：1.

[48] 陆建桥.国际财务报告准则2019年发展成效与未来展望[J].财务与会计，2020（3）：9-17.

[49] 秦荣生.数字化时代的财务创新发展[J].财务与会计，2020（1）：7-9.

[50] 庄飞鹏，王欣怡，汪雨维，等.IASB新《财务报告概念框架》的主要变化及其启示［J］.绿色财会，2019（8）：39-48.

[51] 彭宏超.对FASB《财务报告概念框架》中财务报表附注的解读［J］.财会月刊，2019（5）：83-88.